KB190592

**유튜브로 배우는
주제별 성경 24**

개정개역판

**유튜브로 배우는
주제별 성경 24**

엮은이	김장규
펴낸이	김장규
펴낸곳	리바이블출판사
편집 디자인	그래픽웨일
리플렛 디자인	장윤주
성우	이대현, 박경아
영상	변승빈

초판	1쇄 발행 2022년 9월 1일
주소	서울시 용산구 청파로73길 2, 1층
전화	0507-1324-1198
이메일	apostle@daum.net
ISBN	979-11-979036-3-2

www.ebible.kr
리바이블출판사는 성경읽기 부흥운동 플랫폼입니다.

유튜브로 배우는
주제별 성경 24

리바이블

제자 삼음에
전념하라!

오늘 내가 네게 명하는 이 말씀을 너는 마음에 새기고 네 자녀에게 부지런히
가르치며 집에 앉았을 때에든지 길을 갈 때에든지 누워 있을 때에든지 일어
날 때에든지 이 말씀을 강론할 것이며 너는 또 그것을 네 손목에 매어 기호
를 삼으며 네 미간에 붙여 표로 삼고 또 네 집 문설주와 바깥 문에 기록할지
니라 (신6:6-9)

제자 삼음에 전념하라!
하나님께서 이스라엘에게 명하신 교육방법인 쉐마에는 세 가지 특징이 있습
니다. 첫째는 접근성입니다. 손목에 기호로 삼고 미간에 붙여서 말씀을 익히
는 목적은 쉽게 접하기 위함입니다. 둘째는 반복입니다. 일어날 때, 누울 때,
길을 갈 때든지 하나님의 말씀을 반복적으로 읽어야 합니다. 반복하기 위해
서는 언제 어디서나 쉽게 볼 수 있어야 합니다. 셋째는 교육입니다. 자녀와 다
른 사람에게 쉽게 가르칠 수 있어야 합니다.
이 세 가지가 충족된 말씀 교육이 바로 성경에서 말하는 올바른 교육과 양육
이라고 할 수 있습니다. 너무 설명이 많거나 성경 말씀이 적은 교재는 말씀
에 대한 접근성과 반복이 쉽지 않습니다.
이 책은 교리를 넘어 실생활에 이르기까지 성경의 주요 주제들을 24과로 나
누어 약 300개의 구절로 정리했습니다. 그리고 단순히 성경 말씀에 해당하
는 질문과 해설, 노트 공간만 실었습니다. 누구든지 하나님의 말씀을 주제별
로 묵상하고 반복할 수 있습니다. 또한, 모든 부분을 익히고 배우면 다른 사
람에게 쉽게 가르칠 수 있습니다. 개인적으로도 묵상과 암송집으로 활용할

수 있도록 구성했습니다. 특별히 매 과마다 유튜브 해설을 볼 수 있는 큐알 코드를 실어 소그룹은 물론 혼자서도 성경을 쉽게 공부할 수 있습니다.

점점 복음의 능력이 약해지고 있는 어려운 시대를 살아가고 있습니다. 신앙 인이라고 하지만 성도들은 변하지 않는 삶에 대해 고민하고 있습니다. 능력 있는 전도가 메말라가고 있습니다. 평신도가 직접 제자양육을 시키기 어려 워하고 있습니다.

어린이와 청소년, 청년 등 다음 세대 교육은 우리의 가장 중요한 과제입니 다. 인간적인 방법을 찾으려면 여러 가지가 있겠지만 언제나 해답은 하나님 의 말씀으로 돌아가는 것입니다. 말씀으로 승부하는 전략은 어느 때나 마찬 가지로 이 시대에도 유일한 대안입니다. 하나님의 말씀은 유일하기 때문입니다. 말씀을 통해 우리의 삶이 변화됩니다. 이 시대에 더욱 필요한 것은 능력 있 는 말씀 전도와 한 사람이 또 다른 사람을 제자로 삼는 성경적 양육입니다. 자라나는 세대는 어려서부터 성경을 알고 암송과 통독을 통해서 복음의 능 력으로 무장해야 합니다. 이 책이 오직 말씀으로 승부하는, 새로우면서도 낯 설지 않고 모두가 공감하는 복음 사역의 안내서가 되리라 확신합니다.

2022년 9월

김장규 목사

이 책의 사용법

1. 개인적으로 문제를 풀어 봅니다.

2. 유튜브 해설을 보고 말씀을 뜻을 더 깊이 파악합니다.

3. 소그룹에서 교역자나 리더를 통해 질문 사항들을 해결합니다.

4. 나눔 질문들을 소그룹에서 함께 나눕니다.

차례

1

생명의 삶

기독교의 기본적인
교리와 구원

사랑은 여기 있으니 우리가 하나님을 사랑한 것이 아니요

하나님이 우리를 사랑하사 우리 죄를 속하기 위하여 화목 제물로

그 아들을 보내셨음이라

_요한1서 4:10

PART 1

아버지
하나님

▶ 해설보기

하나님은 누구시며 어떤 성품을 가지고 계시는지 알아봅시다.

나눔) 내가 인식하고 있는 하나님은 어떤 분입니까?

1. 누가 천지 만물을 만들었습니까?

창세기 1:1 태초에 하나님이 천지를 창조하시니라

_____

_____

💬 하나님은 천지 만물을 창조하시고 지금도 모든 것을 주관하고 계십니다.

2. 하나님은 어디에 계십니까?

시편 139:7-10 내가 주의 영을 떠나 어디로 가며 주의 앞에서 어디
로 피하리이까
내가 하늘에 올라갈지라도 거기 계시며 스올에 내 자리를 펼지라
도 거기 계시니이다
내가 새벽 날개를 치며 바다 끝에 가서 거주할지라도
거기서도 주의 손이 나를 인도하시며 주의 오른손이 나를 붙드시리이다

_____

_____

💬 하나님은 이 세상 안 계신 곳이 없으며 어느 곳에서도 그의 자녀들을 인도하십니다.

3. 하나님의 지혜와 지식을 어떻게 묘사하고 있습니까?

로마서 11:33 깊도다 하나님의 지혜와 지식의 풍성함이여, 그의 판단은 헤아리지 못할 것이며 그의 길은 찾지 못할 것이로다

_____

_____

_____

_____

💬 하나님의 지혜는 인간의 생각을 뛰어넘으며 예측하거나 측량할 수 없습니다.

4. 하나님은 언제부터 우리를 알고 계십니까?

예레미야 1:5 내가 너를 모태에 짓기 전에 너를 알았고 네가 배에서 나오기 전에 너를 성별하였고 너를 여러 나라의 선지자로 세웠노라 하시기로

_____

_____

_____

_____

💬 하나님은 우리가 태어나기 전부터 우리의 모든 것을 알고 계십니다.

5. 하나님은 언제부터 언제까지 계십니까?

시편 90:2,4 산이 생기기 전, 땅과 세계도 주께서 조성하시기 전 곧 영원부터 영원까지 주는 하나님이시니이다
주의 목전에는 천 년이 지나간 어제 같으며 밤의 한 순간 같을 뿐임이니이다

_____

_____

_____

_____

💬 하나님은 영원부터 영원까지 계시며 시간을 초월하십니다.

6. 하나님은 어디에 모실 수 있습니까?

열왕기상 8:27 하나님이 참으로 땅에 거하시리이까 하늘과 하늘들의 하늘이라도 주를 용납하지 못하겠거든 하물며 내가 건축한 이 성전이오리이까

_____

_____

_____

_____

💬 하나님은 무한하신 분이기 때문에 그 어떤 공간에도 제약을 받지 않습니다.

7. 하나님은 자신을 누구로 소개하고 있습니까?

출애굽기 3:14 하나님이 모세에게 이르시되 나는 스스로 있는 자이니라 또 이르시되 너는 이스라엘 자손에게 이같이 이르기를 스스로 있는 자가 나를 너희에게 보내셨다 하라

💬 하나님은 모든 것의 근원이며 스스로 존재하시는 분입니다.

8. 하나님은 어떤 모습으로 계십니까?

요한복음 4:24 하나님은 영이시니 예배하는 자가 영과 진리로 예배할지니라

💬 성부 하나님은 영이시기 때문에 구체적인 형상이 아니며 만지거나 볼 수 없습니다.

9. 하나님 외에 다른 신이 있나요?

이사야 44:6 이스라엘의 왕인 여호와, 이스라엘의 구원자인 만군의 여호와가 이같이 말하노라 나는 처음이요 나는 마지막이라 나 외에 다른 신이 없느니라

_____

_____

_____

_____

💬 하나님은 유일하신 참 신이시며 다른 신들은 인간이 만들어낸 우상에 불과합니다.

10. 하나님의 성품은 어떻습니까?

신명기 32:4 그는 반석이시니 그가 하신 일이 완전하고 그의 모든 길이 정의롭고 진실하고 거짓이 없으신 하나님이시니 공의로우시고 바르시도다

_____

_____

_____

_____

💬 하나님은 실수가 없으시고 완전하시며 공의로운 분입니다.

11. 하나님은 변함이 있습니까?

민수기 23:19 하나님은 사람이 아니시니 거짓말을 하지 않으시고 인생이 아니시니 후회가 없으시도다 어찌 그 말씀하신 바를 행하지 않으시며 하신 말씀을 실행하지 않으시랴

_____

_____

_____

_____

💬 하나님은 불변하시며 약속하신 것은 반드시 지키시는 신실한 분입니다.

12. 우리는 왜 거룩해야 합니까?

베드로전서 1:16 기록되었으되 내가 거룩하니 너희도 거룩할지어다 하셨느니라

_____

_____

_____

_____

_____

💬 하나님은 거룩하신 분이며 그분의 자녀들도 하나님을 닮아 거룩해져야 합니다.

13. 지혜의 근본은 무엇입니까? 어떻게 해야 지혜로워집니까?

잠언 9:10 여호와를 경외하는 것이 지혜의 근본이요 거룩하신 자를
아는 것이 명철이니라

_____

_____

_____

_____

💬 모든 지식과 지혜는 하나님을 알고 그를 경외하는 것으로부터 시작됩니다.

14. 사랑의 근원은 누구입니까?

요한1서 4:16 하나님이 우리를 사랑하시는 사랑을 우리가 알고
믿었노니 하나님은 사랑이시라 사랑 안에 거하는 자는 하나님
안에 거하고 하나님도 그의 안에 거하시느니라

_____

_____

_____

_____

💬 하나님은 사랑 그 자체이며 모든 사랑은 하나님으로부터 시작됩니다.

15. 하나님을 누구라 부를 수 있습니까?

로마서 8:15 너희는 다시 무서워하는 종의 영을 받지 아니하고
양자의 영을 받았으므로 우리가 아빠 아버지라고 부르짖느니라

_____

_____

_____

_____

💬 사람은 하나님으로부터 창조되었기 때문에 하나님은 우리의 아버지가 되십니다.

나눔) 나는 하나님을 누구로 고백하고 있나요?

PART 2

인간과 죄

▶ 해설보기

죄는 무엇이며 인간은 현재 어떤 상태에 있는지 알아봅시다.

나눔) 인간의 죄는 어떤 것들이 있습니까?

1. 하나님은 인간을 어떻게 만드셨나요?

창세기 1:26-27 하나님이 이르시되 우리의 형상을 따라 우리의 모양대로 우리가 사람을 만들고 그들로 바다의 물고기와 하늘의 새와 가축과 온 땅과 땅에 기는 모든 것을 다스리게 하자 하시고 하나님이 자기 형상 곧 하나님의 형상대로 사람을 창조하시되 남자와 여자를 창조하시고

_____

_____

_____

_____

_____

💬 인간은 하나님의 형상을 따라 창조되었으며 하나님을 닮아있습니다.

2. 하나님은 왜 사람을 창조했습니까?

이사야 43:7 내 이름으로 불려지는 모든 자 곧 내가 내 영광을 위하여
창조한 자를 오게 하라 그를 내가 지었고 그를 내가 만들었느니라

💬 인간은 하나님의 영광을 위하여 창조되었습니다.

3. 인간을 향한 하나님의 관심은 어떻습니까?

시편 33:13-14 여호와께서 하늘에서 굽어보사 모든 인생을 살피심이여
곧 그가 거하시는 곳에서 세상의 모든 거민들을 굽어살피시는도다

💬 하나님은 지금도 모든 사람을 감찰하고 계십니다.

4. 자연으로부터 하나님을 느낄 수 있습니까?

로마서 1:20 창세로부터 그의 보이지 아니하는 것들 곧 그의 영원
하신 능력과 신성이 그가 만드신 만물에 분명히 보여 알려졌나니
그러므로 그들이 핑계하지 못할지니라

_____

_____

_____

💬 하나님이 창조하신 모든 만물에는 하나님의 신성이 드러납니다. 하지만 인간은
죄로 인해 영적인 눈이 어두워서 자연을 숭배하는 잘못을 범했습니다.

5. 죄 없는 사람이 있습니까?

로마서 3:23 모든 사람이 죄를 범하였으매 하나님의 영광에 이르
지 못하더니

_____

_____

_____

_____

💬 모든 사람이 죄인이며 죄를 범하지 않고 살 수 있는 사람은 없습니다.

6. 인간 스스로 하나님을 알 수 있나요?

로마서 3:10-12 기록된 바 의인은 없나니 하나도 없으며
깨닫는 자도 없고 하나님을 찾는 자도 없고
다 치우쳐 함께 무익하게 되고 선을 행하는 자는 없나니 하나도 없도다

_____

_____

_____

💬 인간은 죄로 인해 자기 힘으로 하나님을 알 수 없으며 오직 하나님의 계시로 알 수 있습니다.

7. 인간에게 왜 죽음이 왔습니까?

로마서 5:12 그러므로 한 사람으로 말미암아 죄가 세상에 들어오고
죄로 말미암아 사망이 들어왔나니 이와 같이 모든 사람이 죄를 지
었으므로 사망이 모든 사람에게 이르렀느니라

_____

_____

_____

💬 최초의 인류인 아담에게 사탄의 유혹으로 죄가 들어오고 모든 사람이 죄를 짓고 죽음이 왔습니다.

8. 육체의 죄는 어떤 것들이 있으며 그 결과는 무엇입니까?

갈라디아서 5:19-21 육체의 일은 분명하니 곧 음행과 더러운 것과 호색과

우상 숭배와 주술과 원수 맺는 것과 분쟁과 시기와 분냄과 당 짓는 것과 분열함과 이단과

투기와 술 취함과 방탕함과 또 그와 같은 것들이라 전에 너희에게 경계한 것 같이 경계하노니 이런 일을 하는 자들은 하나님의 나라를 유업으로 받지 못할 것이요

_____

_____

💬 음행과 우상 숭배 등의 더러운 죄들이 하나님의 나라에 들어가지 못하게 만듭니다.

9. 우리는 언제부터 죄인입니까?

시편 51:5 내가 죄악 중에서 출생하였음이여 어머니가 죄 중에서 나를 잉태하였나이다

_____

_____

_____

_____

💬 우리는 태어날 때부터 죄인으로 태어났습니다.

10. 인간의 죄악은 어떻습니까? 그 결과는 무엇입니까?

로마서 3:13-16 그들의 목구멍은 열린 무덤이요 그 혀로는 속임을 일
삼으며 그 입술에는 독사의 독이 있고

그 입에는 저주와 악독이 가득하고

그 발은 피 흘리는 데 빠른지라

파멸과 고생이 그 길에 있어

_____

_____

💬 인간의 악한 죄로 인해 파멸과 고통이 따릅니다.

11. 인간의 타락이 자연에 어떤 영향을 가져왔습니까?

로마서 8:22-23 피조물이 다 이제까지 함께 탄식하며 함께 고통을
겪고 있는 것을 우리가 아느니라

그뿐 아니라 또한 우리 곧 성령의 처음 익은 열매를 받은 우리까지
도 속으로 탄식하여 양자 될 것 곧 우리 몸의 속량을 기다리느니라

_____

_____

_____

💬 인간의 타락으로 자연계도 고통을 받고 신음하고 있습니다.

12. 죽음 이후에는 무엇이 기다리고 있습니까?

히브리서 9:27 한번 죽는 것은 사람에게 정해진 것이요 그 후에는 심판이 있으리니

요한계시록 20:12 또 내가 보니 죽은 자들이 큰 자나 작은 자나 그 보좌 앞에 서 있는데 책들이 펴 있고 또 다른 책이 펴졌으니 곧 생명책이라 죽은 자들이 자기 행위를 따라 책들에 기록된 대로 심판을 받으니

_____

_____

_____

💬 죽음 이후에는 죄에 대한 하나님의 심판이 있습니다.

13. 육에 속한 사람은 성령의 일을 분별할 수 있습니까?

고린도전서 2:14 육에 속한 사람은 하나님의 성령의 일들을 받지 아니하나니 이는 그것들이 그에게는 어리석게 보임이요, 또 그는 그것들을 알 수도 없나니 그러한 일은 영적으로 분별되기 때문이라

_____

_____

_____

💬 육에 속한 사람이란 하나님께 속해 있지 않은 사람으로, 죄로 인해 영적인 눈이 어두워서 하나님의 일을 분별할 수 없습니다.

14. 인간의 힘으로 죄악을 없앨 수 있습니까?

예레미야 2:22 주 여호와의 말씀이니라 네가 잿물로 스스로 씻으며 네가 많은 비누를 쓸지라도 네 죄악이 내 앞에 그대로 있으리니

로마서 7:21-24 그러므로 내가 한 법을 깨달았노니 곧 선을 행하기 원하는 나에게 악이 함께 있는 것이로다
내 속사람으로는 하나님의 법을 즐거워하되
내 지체 속에서 한 다른 법이 내 마음의 법과 싸워 내 지체 속에 있는 죄의 법으로 나를 사로잡는 것을 보는도다
오호라 나는 곤고한 사람이로다 이 사망의 몸에서 누가 나를 건져내랴

💬 인간은 자기 힘으로 죄를 범하지 않을 수도 없고 죄의 문제를 해결할 능력도 없습니다.

나눔) 나의 죄를 얼마나 인식하고 있는지 나누어 봅시다.

PART 3

예수님의 죽음과 대속

▶ 해설보기

예수님은 누구시며 이 땅에 오셔서 어떤 일을 하셨는지 알아봅시다.

나눔) 내가 알고 있는 예수님은 누구입니까?

1. 구약성경에서 예수님은 어떻게 예언되어 있나요?

예레미야 23:5 여호와의 말씀이니라 보라 때가 이르리니 내가 다윗에게 한 의로운 가지를 일으킬 것이라 그가 왕이 되어 지혜롭게 다스리며 세상에서 정의와 공의를 행할 것이며

_____

_____

_____

_____

_____

💬 예수님은 세상을 구원하실 구세주로 구약성경에서 여러 차례 예언되어 있으며 특별히 다윗 왕의 자손으로 오셨습니다.

2. 예수님은 어떤 모습으로 이 땅에 오셨습니까?

빌립보서 2:6-8 그는 근본 하나님의 본체시나 하나님과 동등됨을 취할 것으로 여기지 아니하시고

오히려 자기를 비워 종의 형체를 가지사 사람들과 같이 되셨고

사람의 모양으로 나타나사 자기를 낮추시고 죽기까지 복종하셨으니 곧 십자가에 죽으심이라

_____

_____

_____

💬 아버지 하나님과 동등한 위치에 계신 예수님은 이 땅에 낮아진 종의 모습으로 오셨으며 우리 죄를 위해 십자가에서 죽으셨습니다.

3. 예수님은 언제부터 계셨으며 어떤 일을 하셨습니까?

요한복음 1:1-3 태초에 말씀이 계시니라 이 말씀이 하나님과 함께 계셨으니 이 말씀은 곧 하나님이시니라

그가 태초에 하나님과 함께 계셨고

만물이 그로 말미암아 지은 바 되었으니 지은 것이 하나도 그가 없이는 된 것이 없느니라

_____

_____

_____

💬 말씀 자체이신 예수님은 태초부터 하나님과 함께 계셨으며, 만물의 창조자입니다.

4. 예수님이 이 땅에 오신 이유는 무엇입니까?

요한복음 1:29 이튿날 요한이 예수께서 자기에게 나아오심을 보고 이르되 보라 세상 죄를 지고 가는 하나님의 어린 양이로다

_____

_____

_____

💬 예수님은 세상의 모든 죄를 감당하기 위하여 오셨습니다.

5. 하나님이 그의 아들인 예수님을 보내신 이유는 무엇입니까?

요한1서 4:10 사랑은 여기 있으니 우리가 하나님을 사랑한 것이 아니요 하나님이 우리를 사랑하사 우리 죄를 속하기 위하여 화목 제물로 그 아들을 보내셨음이라

_____

_____

_____

💬 하나님이 먼저 우리를 사랑하셔서 우리의 죄를 대속하기 위한 화목 제물로 그의 아들이신 예수님을 보내셨습니다.

6. 예수님은 왜 십자가에서 죽으셨습니까?

갈라디아서 1:4 그리스도께서 하나님 곧 우리 아버지의 뜻을 따라 이 악한 세대에서 우리를 건지시려고 우리 죄를 대속하기 위하여 자기 몸을 주셨으니

_____

_____

_____

💬 예수님은 악한 세대에서 우리를 구원하시기 위해 우리 죄를 대신하여 십자가에서 죽으셨습니다.

7. 예수님은 우리 죄를 위해서 어떻게 고난을 당하셨습니까?

이사야 53:5-6 그가 찔림은 우리의 허물 때문이요 그가 상함은 우리의 죄악 때문이라 그가 징계를 받으므로 우리는 평화를 누리고 그가 채찍에 맞으므로 우리는 나음을 받았도다
우리는 다 양 같아서 그릇 행하여 각기 제 길로 갔거늘 여호와께서는 우리 모두의 죄악을 그에게 담당시키셨도다

_____

_____

_____

💬 예수님은 우리의 죄를 대신하여 조롱과 모욕을 당하고, 채찍에 맞으시고, 창에 찔리시고, 십자가에 못 박혀 죽으셨습니다.

8. 예수님의 고난으로 우리가 얻게 되는 것은 무엇입니까?

베드로전서 2:24 친히 나무에 달려 그 몸으로 우리 죄를 담당하셨으니 이는 우리로 죄에 대하여 죽고 의에 대하여 살게 하려 하심이라 그가 채찍에 맞음으로 너희는 나음을 얻었나니

_____

_____

_____

💬 우리가 받을 형벌을 예수님이 대신하여 받으므로, 죄인인 우리가 의로워지고, 죄로 병든 우리가 나음을 얻고 깨끗해졌습니다.

9. 예수님의 죽으심으로 말미암아 하나님 앞에 우리의 모습은 어떻게 바뀌었습니까?

골로새서 1:21-22 전에 악한 행실로 멀리 떠나 마음으로 원수가 되었던 너희를
이제는 그의 육체의 죽음으로 말미암아 화목하게 하사 너희를 거룩하고 흠 없고 책망할 것이 없는 자로 그 앞에 세우고자 하셨으니

_____

_____

_____

💬 예수님의 죽음으로 하나님과 우리 사이에 화해가 이루어지고, 하나님 앞에 거룩하고, 흠 없고, 책망할 것이 없는 사람으로 변화되었습니다.

10. 예수님의 죽음의 효력은 언제까지 지속됩니까?

히브리서 10:12,14 오직 그리스도는 죄를 위하여 한 영원한 제사를 드리시고 하나님 우편에 앉으사

그가 거룩하게 된 자들을 한 번의 제사로 영원히 온전하게 하셨느니라

_____

_____

_____

💬 예수님의 속죄와 죽음은 단 한 번으로 충분하며 그 효력은 영원까지 지속됩니다.

11. 예수님의 죽음은 우리를 어디에서 해방시킵니까?

히브리서 2:14-15 자녀들은 혈과 육에 속하였으매 그도 또한 같은 모양으로 혈과 육을 함께 지니심은 죽음을 통하여 죽음의 세력을 잡은 자 곧 마귀를 멸하시며

또 죽기를 무서워하므로 한평생 매여 종 노릇 하는 모든 자들을 놓아 주려 하심이니

_____

_____

_____

💬 예수님의 죽음은 그동안 얽매여 있던 사단 마귀의 세력에서 우리를 해방시킵니다.

나눔) 예수님이 죽음이 내게 주는 유익은 무엇입니까?

PART 4

예수님의
부활

▶ 해설보기

예수님은 어떻게 부활하셨으며 예수님의 부활이 나의 삶을 어떻게
변화시키는지 알아봅시다.

나눔) 사람이 부활할 수 있다고 생각합니까?

1. 예수님은 어디에서 부활하셨습니까?

마가복음 16:5-6 무덤에 들어가서 흰 옷을 입은 한 청년이 우편에
앉은 것을 보고 놀라매
청년이 이르되 놀라지 말라 너희가 십자가에 못 박히신 나사렛 예
수를 찾는구나 그가 살아나셨고 여기 계시지 아니하니라 보라 그
를 두었던 곳이니라

_____

_____

_____

_____

💬 예수님은 사망 권세를 이기시고 무덤에서 죽은 지 3일 만에 부활하셨습니다.

2. 부활 후 예수님은 믿지 않는 제자에게 어떤 증거를 보여 주셨습니까?

요한복음 20:20,27 이 말씀을 하시고 손과 옆구리를 보이시니 제자들이 주를 보고 기뻐하더라

도마에게 이르시되 네 손가락을 이리 내밀어 내 손을 보고 네 손을 내밀어 내 옆구리에 넣어 보라 그리하여 믿음 없는 자가 되지 말고 믿는 자가 되라

_____

_____

_____

💬 예수님은 부활하신 후 손에 난 못 자국과 옆구리의 창 자국을 보여 주시며 육체로 부활한 것을 제자들에게 보여 주셨습니다.

3. 예수님을 누가 부활시켰습니까?

사도행전 3:15 생명의 주를 죽였도다 그러나 하나님이 죽은 자 가운데서 그를 살리셨으니 우리가 이 일에 증인이라

_____

_____

_____

💬 하나님 아버지께서 예수님을 다시 살리셨습니다.

4. 예수님의 부활이 의미하는 것은 무엇입니까?

고린도전서 15:20 그러나 이제 그리스도께서 죽은 자 가운데서 다시 살아나사 잠자는 자들의 첫 열매가 되셨도다

_____

_____

_____

💬 예수님은 사망 권세를 깨뜨리고 부활하신 첫 번째 사람입니다. 예수님을 믿는 우리도 죽은 이후에 부활할 것입니다.

5. 부활의 증인들은 누가 있었습니까?

고린도전서 15:4-6 장사 지낸 바 되셨다가 성경대로 사흘 만에 다시 살아나사
게바에게 보이시고 후에 열두 제자에게와
그 후에 오백여 형제에게 일시에 보이셨나니 그 중에 지금까지 대다수는 살아 있고 어떤 사람은 잠들었으며

_____

_____

_____

💬 부활하신 예수님을 베드로가 먼저 보았고, 그 후 열두 제자와 500여 명의 많은 사람이 목격했습니다.

6. 예수님은 부활하신 후 어떻게 승천하셨습니까?

사도행전 1:9-11 이 말씀을 마치시고 그들이 보는데 올려져 가시니 구름이 그를 가리어 보이지 않게 하더라

올라가실 때에 제자들이 자세히 하늘을 쳐다보고 있는데 흰 옷 입은 두 사람이 그들 곁에 서서

이르되 갈릴리 사람들아 어찌하여 서서 하늘을 쳐다보느냐 너희 가운데서 하늘로 올려지신 이 예수는 하늘로 가심을 본 그대로 오시리라 하였느니라

_____

_____

_____

💬 예수님은 부활 후 40여 일 동안 이 땅에서 사역하시다가 하늘로 승천하시고 그대로 오실 것을 약속하셨습니다.

7. 우리가 죽은 이후에 누가 우리를 다시 살리십니까?

로마서 8:11 예수를 죽은 자 가운데서 살리신 이의 영이 너희 안에 거하시면 그리스도 예수를 죽은 자 가운데서 살리신 이가 너희 안에 거하시는 그의 영으로 말미암아 너희 죽을 몸도 살리시리라

_____

_____

_____

💬 예수님을 믿는 자는 그 안에 거하시는 성령으로 말미암아 하나님이 다시 살리실 것입니다.

8. 예수님은 무엇을 위해 죽으시고, 무엇을 위해 다시 살아나셨습니까?

로마서 4:25 예수는 우리가 범죄한 것 때문에 내줌이 되고 또한 우리를 의롭다 하시기 위하여 살아나셨느니라

_____

_____

_____

💬 예수님은 우리의 죄를 속하기 위해서 죽으시고, 의롭게 하시려고 부활하셨습니다.

9. 예수님이 죽으시고 살아나심으로 말미암아 우리가 어떤 은혜를 받습니까?

로마서 5:10 곧 우리가 원수 되었을 때에 그의 아들의 죽으심으로 말미암아 하나님과 화목하게 되었은즉 화목하게 된 자로서는 더욱 그의 살아나심으로 말미암아 구원을 받을 것이니라

_____

_____

_____

💬 예수님이 죽으심으로 우리가 하나님과 화목하게 되었고, 부활하심으로 우리가 구원을 얻습니다.

10. 예수님의 부활이 없다면 우리는 어떤 상태에 놓이게 됩니까?

고린도전서 15:17-19 그리스도께서 다시 살아나신 일이 없으면
너희의 믿음도 헛되고 너희가 여전히 죄 가운데 있을 것이요
또한 그리스도 안에서 잠자는 자도 망하였으리니
만일 그리스도 안에서 우리가 바라는 것이 다만 이 세상의 삶뿐이
면 모든 사람 가운데 우리가 더욱 불쌍한 자이리라

_____

_____

_____

💬 부활이 없다면 우리의 죄가 해결되지 못하며, 영원한 죽음 가운데 허무하고 헛된 삶을 살 수밖에 없습니다. 부활의 능력은 우리를 의롭게 하며, 우리를 구원시키며, 우리에게 새 생명의 소망을 갖게 합니다.

나눔) 부활의 능력이 나의 삶을 어떻게 변화시킵니까?

영접과 구원

▶ 해설보기

구원은 무엇이며 어떻게 해야 구원을 얻는지 알아봅시다.

나눔) 구원은 무엇이라고 생각하는지 나누어 봅시다.

1. 하나님이 우리에게 요청하시는 것은 무엇입니까?

이사야 1:18 여호와께서 말씀하시되 오라 우리가 서로 변론하자 너희의 죄가 주홍 같을지라도 눈과 같이 희어질 것이요 진홍 같이 붉을지라도 양털 같이 희게 되리라

_____

_____

_____

_____

 하나님은 죄와 구원의 문제에 대해서 우리와 적극적으로 변론하기를 원하시며, 우리를 구원의 길로 초대하십니다.

2. 하나님이 원하시는 것은 무엇입니까?

베드로후서 3:9 주의 약속은 어떤 이들이 더디다고 생각하는 것 같이 더딘 것이 아니라 오직 주께서는 너희를 대하여 오래 참으사 아무도 멸망하지 아니하고 다 회개하기에 이르기를 원하시느니라

_____

_____

_____

💬 하나님은 모든 사람이 구원받기를 기다리고 계십니다.

3. 회개의 결과는 무엇입니까?

사도행전 3:19 그러므로 너희가 회개하고 돌이켜 너희 죄 없이 함을 받으라 이같이 하면 새롭게 되는 날이 주 앞으로부터 이를 것이요

_____

_____

_____

💬 회개란 죄를 뉘우치는 것을 넘어 하나님께로 삶의 방향을 전환하는 것을 의미합니다. 우리가 회개하면 죄에 대한 용서와 구원과 영생이 있는 새로운 날이 시작됩니다.

4. 구원을 얻을 수 있는 유일한 길은 누구입니까? 왜 그렇습니까?

사도행전 4:12 다른 이로써는 구원을 받을 수 없나니 천하 사람 중에 구원을 받을 만한 다른 이름을 우리에게 주신 일이 없음이라 하였더라

요한복음 14:6 예수께서 이르시되 내가 곧 길이요 진리요 생명이니 나로 말미암지 않고는 아버지께로 올 자가 없느니라

_____

_____

_____

우리의 죄를 위해 십자가에서 죄에 대한 대가를 치르신 분은 예수님밖에 없습니다. 예수님만이 인간을 구원할 유일한 길입니다.

5. 예수님을 믿으면 무엇을 얻게 됩니까?

요한복음 3:16 하나님이 세상을 이처럼 사랑하사 독생자를 주셨으니 이는 그를 믿는 자마다 멸망하지 않고 영생을 얻게 하려 하심이라

_____

_____

_____

예수님을 믿으면 심판과 멸망에서 벗어나 영생을 얻습니다.

6. 누가 구원을 얻습니까?

사도행전 2:21 누구든지 주의 이름을 부르는 자는 구원을 받으리라

하였느니라

_____

_____

_____

💬 '주의 이름을 부른다'는 말씀은 기도를 넘어 '예수님을 나의 주로 믿는다'라는 표현입니다. 예수님의 이름을 부르는 자는 구원을 얻습니다.

7. 예수님을 믿으면 누구에게 구원이 임합니까?

사도행전 16:30-31 그들을 데리고 나가 이르되 선생들이여 내가 어

떻게 하여야 구원을 받으리이까 하거늘

이르되 주 예수를 믿으라 그리하면 너와 네 집이 구원을 받으리라

하고

_____

_____

_____

💬 나의 가정에 복음이 전파되어 나와 내 가족까지 구원을 얻습니다.

8. 어떻게 해야 구원을 받습니까?

로마서 10:9-10 네가 만일 네 입으로 예수를 주로 시인하며 또 하나
님께서 그를 죽은 자 가운데서 살리신 것을 네 마음에 믿으면 구원
을 받으리라
사람이 마음으로 믿어 의에 이르고 입으로 시인하여 구원에 이르
느니라

_____

_____

_____

💬 죄의 형벌을 받지 않고 영생을 얻는 것이 구원입니다. 예수님이 나의 죄를 대신
하여 죽으신 것과 새 생명을 주실 것을 마음에 믿고 입으로 시인하면 구원을 받
습니다.

9. 예수님을 영접하면 어떻게 됩니까?

요한계시록 3:20 볼지어다 내가 문 밖에 서서 두드리노니 누구든
지 내 음성을 듣고 문을 열면 내가 그에게로 들어가 그와 더불어
먹고 그는 나와 더불어 먹으리라

_____

_____

_____

💬 마음을 열고 예수님을 나의 구주로 영접하면 예수님께서 우리 안에 거하시며
나와 모든 것을 함께하십니다.

10. 구원은 왜 하나님의 선물입니까?

에베소서 2:8-9 너희는 그 은혜에 의하여 믿음으로 말미암아 구원을
받았으니 이것은 너희에게서 난 것이 아니요 하나님의 선물이라
행위에서 난 것이 아니니 이는 누구든지 자랑하지 못하게 함이라

_____

_____

💬 구원은 우리의 행위나 업적이 아닌 오직 믿음으로 얻을 수 있으므로 하나님이
우리에게 주시는 최고의 선물입니다.

11. 구원을 얻는 믿음은 어떤 믿음이어야 합니까?

야고보서 2:14-17 내 형제들아 만일 사람이 믿음이 있노라 하고 행함
이 없으면 무슨 유익이 있으리요 그 믿음이 능히 자기를 구원하겠느냐
만일 형제나 자매가 헐벗고 일용할 양식이 없는데
너희 중에 누구든지 그에게 이르되 평안히 가라, 덥게 하라, 배부르
게 하라 하며 그 몸에 쓸 것을 주지 아니하면 무슨 유익이 있으리요
이와 같이 행함이 없는 믿음은 그 자체가 죽은 것이라

_____

_____

💬 진정한 믿음은 단순히 예수님의 존재만 믿는 것이 아니라 내가 죽을 수밖에 없
는 죄인임을 인정하고 예수님을 인생의 구주로 모시는 것을 의미합니다. 예수
님을 올바로 영접한 사람은 그 삶까지 변화됩니다.

나눔) 나는 구원의 확신이 있습니까?

지금 구원을 얻으려면 어떻게 해야 합니까?

PART 6

구원의 감격

▶ 해설보기

구원이 우리에게 주는 축복은 어떤 것들이 있는지 알아봅시다.

나눔) 구원받은 사람이 얻는 것은 어떤 것들이 있을까요?

1. 구원의 과정은 어떻게 이루어집니까?

로마서 8:30 또 미리 정하신 그들을 또한 부르시고 부르신 그들을 또한 의롭다 하시고 의롭다 하신 그들을 또한 영화롭게 하셨느니라

_____

_____

_____

💬 하나님은 구원받은 사람을 예정하시고, 부르시고, 의롭게 하시고, 완전한 모습으로 영화롭게 하십니다.

2. 나의 구원 계획은 언제부터 시작되었습니까?

디모데후서 1:9 하나님이 우리를 구원하사 거룩하신 소명으로 부르심은 우리의 행위대로 하심이 아니요 오직 자기의 뜻과 영원 전부터 그리스도 예수 안에서 우리에게 주신 은혜대로 하심이라

_____

_____

_____

💬 나를 향한 하나님의 구원 계획은 영원 전부터 시작되었습니다.

3. 구원은 한번 받으면 끝나는 것인가요?

빌립보서 2:12 그러므로 나의 사랑하는 자들아 너희가 나 있을 때뿐 아니라 더욱 지금 나 없을 때에도 항상 복종하여 두렵고 떨림으로 너희 구원을 이루라

_____

_____

_____

💬 구원이란 예수님을 영접할 때부터 천국에 갈 때까지의 모든 과정을 의미합니다. 구원은 현재 진행형이며 우리는 더욱 완전한 모습으로 자라가야 합니다.

4. 구원이 우리에게 주는 것은 무엇입니까?

마태복음 11:28-30 수고하고 무거운 짐 진 자들아 다 내게로 오라
내가 너희를 쉬게 하리라
나는 마음이 온유하고 겸손하니 나의 멍에를 메고 내게 배우라 그
리하면 너희 마음이 쉼을 얻으리니
이는 내 멍에는 쉽고 내 짐은 가벼움이라 하시니라

_____

_____

_____

💬 구원은 우리에게 쉼과 자유를 줍니다. 나 혼자 짊어졌던 인생의 짐을 하나님께
맡길 수 있습니다.

5. 구원받은 사람의 신분은 어떻게 바뀝니까?

요한복음 1:12 영접하는 자 곧 그 이름을 믿는 자들에게는 하나님의
자녀가 되는 권세를 주셨으니

_____

_____

_____

💬 하나님의 자녀가 되며 하나님을 아버지라 부를 수 있습니다.

6. 예수님 안에 있는 자는 왜 정죄를 받지 않습니까?

로마서 8:1-2 그러므로 이제 그리스도 예수 안에 있는 자에게는 결코 정죄함이 없나니

이는 그리스도 예수 안에 있는 생명의 성령의 법이 죄와 사망의 법에서 너를 해방하였음이라

_____

_____

_____

💬 예수님이 십자가에서 우리를 위해 대신 죽으심으로 우리는 더 이상 죄의 형벌을 받지 않으며 죄와 사망의 권세에서 완전히 해방되었습니다.

7. 예수님을 믿는 자는 어떤 선물을 받습니까?

사도행전 2:38 베드로가 이르되 너희가 회개하여 각각 예수 그리스도의 이름으로 세례를 받고 죄 사함을 받으라 그리하면 성령의 선물을 받으리니

_____

_____

_____

💬 예수님을 구주로 고백하는 순간 성령님을 선물로 받으며 우리 안에 늘 함께하십니다.

8. 예수님을 믿는 자는 어떻게 변화됩니까?

골로새서 1:22 이제는 그의 육체의 죽음으로 말미암아 화목하게 하사 너희를 거룩하고 흠 없고 책망할 것이 없는 자로 그 앞에 세우고자 하셨으니

_____

_____

_____

💬 하나님은 우리를 거룩하고 흠이 없고 책망받을 일이 없도록 점점 완전하게 변화시켜 가십니다.

9. 예수님과 함께하면 어떤 것이 채워집니까?

요한복음 6:35 예수께서 이르시되 나는 생명의 떡이니 내게 오는 자는 결코 주리지 아니할 터이요 나를 믿는 자는 영원히 목마르지 아니하리라

_____

_____

_____

💬 인생의 허무와 영적 굶주림과 목마름에서 벗어나 진정한 삶의 의미와 영적 새 생명을 찾게 됩니다.

10. 예수님을 믿는 자들은 죽은 후 어떻게 됩니까?

요한복음 11:25-26 예수께서 이르시되 나는 부활이요 생명이니 나를

믿는 자는 죽어도 살겠고

무릇 살아서 나를 믿는 자는 영원히 죽지 아니하리니 이것을 네가

믿느냐

_____

_____

_____

💬 '살아서 나를 믿는 자'란 말씀은 영적으로 살아서 예수님을 믿는 것을 뜻합니다.
예수님을 믿으면 부활과 영생의 삶을 살게 됩니다.

11. 구원받은 사람은 어디에 들어갈 수 있습니까?

디모데후서 4:18 주께서 나를 모든 악한 일에서 건져내시고 또 그의

천국에 들어가도록 구원하시리니 그에게 영광이 세세무궁토록 있을

지어다 아멘

_____

_____

_____

💬 새 하늘과 새 땅으로 지어진 하나님의 나라인 천국에 들어갑니다.

12. 구원의 감격을 어떻게 노래하고 있습니까?

이사야 12:2 보라 하나님은 나의 구원이시라 내가 신뢰하고 두려움이 없으리니 주 여호와는 나의 힘이시며 나의 노래시며 나의 구원이심이라

_____

_____

_____

💬 하나님은 나의 구원자이기 때문에 그로 말미암아 늘 감격하고 하나님을 찬양하게 됩니다.

나눔) 내가 누리는 구원의 기쁨은 무엇입니까?

성령
하나님

▶ 해설보기

성령님은 누구이며 어떤 일을 하시는지 알아봅시다.

나눔) 나는 성령님을 누구라고 생각합니까?

1. 성령님이 하신 일은 무엇입니까?

창세기 1:2 땅이 혼돈하고 공허하며 흑암이 깊음 위에 있고 하나님의 영은 수면 위에 운행하시니라

시편 104:30 주의 영을 보내어 그들을 창조하사 지면을 새롭게 하시나이다

_____

_____

_____

_____

💬 성령님은 성부 하나님의 창조 사역에 동참하여 인간과 만물을 창조하셨습니다.

2. 성령님이 이 땅에 오실 때 어떤 일들이 일어났습니까?

사도행전 2:1-4 오순절 날이 이미 이르매 그들이 다같이 한 곳에 모였더니

홀연히 하늘로부터 급하고 강한 바람 같은 소리가 있어 그들이 앉은 온 집에 가득하며

마치 불의 혀처럼 갈라지는 것들이 그들에게 보여 각 사람 위에 하나씩 임하여 있더니

그들이 다 성령의 충만함을 받고 성령이 말하게 하심을 따라 다른 언어들로 말하기를 시작하니라

_____

_____

_____

💬 예수님이 부활하신 후 50여 일이 되는 날에 함께 기도하던 약 120명의 성도에게 성령님께서 강림하셨습니다. 이것을 '오순절 성령강림'이라고 말합니다.

3. 예수님은 누구를 통해 잉태되었습니까?

마태복음 1:20 이 일을 생각할 때에 주의 사자가 현몽하여 이르되 다윗의 자손 요셉아 네 아내 마리아 데려오기를 무서워하지 말라 그에게 잉태된 자는 성령으로 된 것이라

_____

_____

💬 예수님은 처녀의 몸에서 성령으로 잉태되었습니다.

4. 성령님은 이 세상에 대하여 어떤 사역을 하십니까?

요한복음 16:8 그가 와서 죄에 대하여, 의에 대하여, 심판에 대하여 세상을 책망하시리라

_____

_____

_____

💬 성령님은 이 세상의 죄를 깨닫게 하여 회개의 역사가 일어나도록 도우십니다.

5. 성령을 묘사하는 6가지는 무엇입니까?

이사야 11:2 그의 위에 여호와의 영 곧 지혜와 총명의 영이요 모략과 재능의 영이요 지식과 여호와를 경외하는 영이 강림하시리니

_____

_____

_____

💬 성령님이 임하시면 지혜와 총명과 분별력과 능력과 하나님을 경외하는 마음을 주십니다.

6. 성령님이 우리 안에 거하시면 우리가 알게 되는 것은 무엇입니까?

요한1서 4:13 그의 성령을 우리에게 주시므로 우리가 그 안에 거하고 그가 우리 안에 거하시는 줄을 아느니라

_____

_____

_____

💬 성령님을 통해서 하나님이 우리 안에 거하시고, 우리가 하나님 안에 있다는 사실을 알게 됩니다.

7. 예수님을 구주로 고백하는 것은 누구를 통해서 가능합니까?

고린도전서 12:3 그러므로 내가 너희에게 알리노니 하나님의 영으로 말하는 자는 누구든지 예수를 저주할 자라 하지 아니하고 또 성령으로 아니하고는 누구든지 예수를 주시라 할 수 없느니라

_____

_____

_____

💬 성령님의 감화가 없이는 예수님을 구주로 고백할 수 없습니다. 모든 신앙의 고백은 우리 안에 계신 성령님을 통해서 가능합니다.

8. 왜 우리 몸이 하나님의 성전이 됩니까?

고린도전서 3:16 너희는 너희가 하나님의 성전인 것과 하나님의 성령이 너희 안에 계시는 것을 알지 못하느냐

_____

_____

_____

💬 하나님이 거하시는 곳이 성전입니다. 성령 하나님이 우리 안에 거하시므로 우리 몸은 거룩한 하나님의 성전이 됩니다.

9. 말씀에 관해서 성령께서 하시는 일은 무엇입니까?

요한복음 14:26 보혜사 곧 아버지께서 내 이름으로 보내실 성령 그가 너희에게 모든 것을 가르치고 내가 너희에게 말한 모든 것을 생각나게 하리라

_____

_____

_____

💬 성령님은 우리의 삶 속에서 필요한 하나님의 말씀을 마음속에 기억나고 떠오르게 하십니다.

10. 성령께서 각 사람에게 주시는 것은 무엇입니까?

요엘 2:28 그 후에 내가 내 영을 만민에게 부어 주리니 너희 자녀들
이 장래 일을 말할 것이며 너희 늙은이는 꿈을 꾸며 너희 젊은이는
이상을 볼 것이며

_____

_____

_____

💬 자녀부터 노인에 이르기까지 전 세대에 미래에 관한 하나님 나라의 꿈과 비전
과 소망을 주십니다.

11. 하나님의 뜻을 어떻게 알 수 있습니까?

고린도전서 2:10-11 오직 하나님이 성령으로 이것을 우리에게 보이
셨으니 성령은 모든 것 곧 하나님의 깊은 것까지도 통달하시느니라
사람의 일을 사람의 속에 있는 영 외에 누가 알리요 이와 같이 하나
님의 일도 하나님의 영 외에는 아무도 알지 못하느니라

_____

_____

_____

💬 하나님의 영이신 성령님이 우리 안에 거하시면 하나님의 마음과 뜻을 알 수
있습니다. 하나님은 성령님을 통해서 우리에게 필요한 하나님의 뜻을 보여
주십니다.

12. 성령께서 주시는 은사는 어떤 것들이 있습니까?

고린도전서 12:8-11 어떤 사람에게는 성령으로 말미암아 지혜의 말씀을, 어떤 사람에게는 같은 성령을 따라 지식의 말씀을,

다른 사람에게는 같은 성령으로 믿음을, 어떤 사람에게는 한 성령으로 병 고치는 은사를,

어떤 사람에게는 능력 행함을, 어떤 사람에게는 예언함을, 어떤 사람에게는 영들 분별함을, 다른 사람에게는 각종 방언 말함을, 어떤 사람에게는 방언들 통역함을 주시나니

이 모든 일은 같은 한 성령이 행하사 그의 뜻대로 각 사람에게 나누어 주시는 것이니라

💬 은사란 성령님께서 주시는 능력의 선물을 말합니다. 성령님은 교회와 성도를 위해서 각 사람에게 필요한 은사들을 나누어 주십니다. 이런 은사들을 통해서 교회는 더 온전하게 세워집니다. 우리는 성령의 은사를 사모해야 합니다.

13. 성령의 9가지 열매는 무엇입니까?

갈라디아서 5:22-23 오직 성령의 열매는 사랑과 희락과 화평과 오래

참음과 자비와 양선과 충성과

온유와 절제니 이같은 것을 금지할 법이 없느니라

_____

_____

_____

💬 성령님은 우리의 성품도 변화시킵니다. 성령님이 거하는 사람은 이런 9가지
열매를 맺게 됩니다.

나눔) 내 속에 역사하시는 성령의 능력은 무엇입니까?

PART
8

그리스도의
재림과 종말

▶ 해설보기

종말에 일어나는 일과 징조에 대해서 알아봅시다.

나눔) 나는 종말이 있다고 믿나요?

1. 말세의 특징은 무엇입니까?

디모데후서 3:1-5 너는 이것을 알라 말세에 고통하는 때가 이르러 사람들이 자기를 사랑하며 돈을 사랑하며 자랑하며 교만하며 비방하며 부모를 거역하며 감사하지 아니하며 거룩하지 아니하며 무정하며 원통함을 풀지 아니하며 모함하며 절제하지 못하며 사나우며 선한 것을 좋아하지 아니하며
배신하며 조급하며 자만하며 쾌락을 사랑하기를 하나님 사랑하는 것보다 더하며
경건의 모양은 있으나 경건의 능력은 부인하니 이같은 자들에게서 네가 돌아서라

_____

_____

_____

_____

💬 말세란 예수님이 승천하시고 다시 오시기 전까지의 시간을 말합니다.
종말이 가까울수록 말세의 일들이 더 많이 일어날 것입니다.

2. 마지막 때에 우리가 해야 할 일은 무엇입니까?

베드로전서 4:7 만물의 마지막이 가까이 왔으니 그러므로 너희는 정
신을 차리고 근신하여 기도하라

_____

_____

_____

💬 우리는 더욱더 하나님께 기도함으로 마지막을 대비하며 깨어 있어야 합니다.

3. 마지막 때에 누가 나타납니까?

마태복음 24:23-24 그 때에 사람이 너희에게 말하되 보라 그리스도
가 여기 있다 혹은 저기 있다 하여도 믿지 말라
거짓 그리스도들과 거짓 선지자들이 일어나 큰 표적과 기사를 보여
할 수만 있으면 택하신 자들도 미혹하리라

_____

_____

_____

💬 말세의 때에 거짓 그리스도들이 나타나 자기가 그리스도 예수라 하며 많은
사람을 미혹하는 일들이 일어납니다.

4. 마지막 환란의 때에 일어나는 일은 무엇입니까?

마태복음 24:7,29 민족이 민족을, 나라가 나라를 대적하여 일어나겠고 곳곳에 기근과 지진이 있으리니

그 날 환난 후에 즉시 해가 어두워지며 달이 빛을 내지 아니하며 별들이 하늘에서 떨어지며 하늘의 권능들이 흔들리리라

_____

_____

_____

💬 예수님이 재림하기 전 대환란 때에는 많은 곳에 전쟁과 지진과 기근이 있으며, 환란 후 해와 달이 빛을 잃고 별들이 떨어지며 천체의 큰 변화가 일어납니다.

5. 예수님의 재림이 언제인지 미리 알거나 예상할 수 있습니까?

데살로니가전서 5:3-4 그들이 평안하다, 안전하다 할 그 때에 임신한 여자에게 해산의 고통이 이름과 같이 멸망이 갑자기 그들에게 이르리니 결코 피하지 못하리라

형제들아 너희는 어둠에 있지 아니하매 그 날이 도둑 같이 너희에게 임하지 못하리니

_____

_____

_____

💬 그리스도의 재림은 예상치 못할 때 예고 없이 갑자기 일어납니다.

6. 예수님은 어떤 일이 이루어진 후에 오십니까?

마태복음 24:14 이 천국 복음이 모든 민족에게 증언되기 위하여
온 세상에 전파되리니 그제야 끝이 오리라

_____

_____

_____

💬 모든 민족에게 복음이 전파된 후 그리스도께서 재림합니다.

7. 예수님께서 어떻게 재림하십니까?

요한계시록 1:7 볼지어다 그가 구름을 타고 오시리라 각 사람의 눈이
그를 보겠고 그를 찌른 자들도 볼 것이요 땅에 있는 모든 족속이 그
로 말미암아 애곡하리니 그러하리라 아멘

_____

_____

_____

💬 천사장의 나팔소리 속에 구름을 타고 오시며 모든 사람이 예수님을 볼 것입
니다.

8. 예수님께서 재림하실 때 성도들에게 어떤 일이 일어납니까?

데살로니가전서 4:16-17 주께서 호령과 천사장의 소리와 하나님의 나팔 소리로 친히 하늘로부터 강림하시리니 그리스도 안에서 죽은 자들이 먼저 일어나고

그 후에 우리 살아 남은 자들도 그들과 함께 구름 속으로 끌어 올려 공중에서 주를 영접하게 하시리니 그리하여 우리가 항상 주와 함께 있으리라

_____

_____

_____

💬 먼저 성도들의 부활이 일어나며, 살아 있는 자들과 함께 예수님을 영접하여 영원토록 주님과 함께 있게 됩니다.

9. 예수님께서 재림하실 때 믿지 않는 자들은 어떻게 됩니까?

데살로니가후서 1:7-9 환난을 받는 너희에게는 우리와 함께 안식으로 갚으시는 것이 하나님의 공의시니 주 예수께서 자기의 능력의 천사들과 함께 하늘로부터 불꽃 가운데에 나타나실 때에

하나님을 모르는 자들과 우리 주 예수의 복음에 복종하지 않는 자들에게 형벌을 내리시리니

이런 자들은 주의 얼굴과 그의 힘의 영광을 떠나 영원한 멸망의 형벌을 받으리로다

_____

_____

_____

● 하나님을 모르는 자들과 예수님의 복음에 순종하지 않는 자는 영원한 멸망의 형벌을 받게 됩니다.

10. 예수님께서 재림하실 때 믿는 자들은 어떻게 됩니까?

베드로전서 1:7 너희 믿음의 확실함은 불로 연단하여도 없어질 금보다 더 귀하여 예수 그리스도께서 나타나실 때에 칭찬과 영광과 존귀를 얻게 할 것이니라

_____

_____

_____

● 믿음을 지킨 자들은 예수님의 재림 때 칭찬과 영광과 존귀를 얻습니다.

11. 주님의 재림 때 믿는 자들의 몸은 어떻게 변합니까?

빌립보서 3:20-21 그러나 우리의 시민권은 하늘에 있는지라 거기로
부터 구원하는 자 곧 주 예수 그리스도를 기다리노니
그는 만물을 자기에게 복종하게 하실 수 있는 자의 역사로 우리의
낮은 몸을 자기 영광의 몸의 형체와 같이 변하게 하시리라

_____

_____

_____

💬 예수님을 믿는 자들은 늙고 병들거나 죽은 몸일지라도 예수님처럼 완전하고
영광스러운 형체로 변화됩니다. 그래서 우리는 하늘의 소망을 가진 자입니다.

12. 새롭게 지어질 천국의 모습은 어떻습니까?

요한계시록 21:1-4 또 내가 새 하늘과 새 땅을 보니 처음 하늘과 처음 땅이 없어졌고 바다도 다시 있지 않더라

또 내가 보매 거룩한 성 새 예루살렘이 하나님께로부터 하늘에서 내려오니 그 준비한 것이 신부가 남편을 위하여 단장한 것 같더라 내가 들으니 보좌에서 큰 음성이 나서 이르되 보라 하나님의 장막이 사람들과 함께 있으매 하나님이 그들과 함께 계시리니 그들은 하나님의 백성이 되고 하나님은 친히 그들과 함께 계셔서

모든 눈물을 그 눈에서 닦아 주시니 다시는 사망이 없고 애통하는 것이나 곡하는 것이나 아픈 것이 다시 있지 아니하리니 처음 것들이 다 지나갔음이러라

_____

_____

_____

💬 사망과 고통이 없는 새 하늘과 새 땅이 우리를 위해 가장 아름다운 모습으로 올 것이며, 그곳에서 하나님과 영원토록 함께 하게 됩니다.

나눔) 예수님의 재림에 대해 나는 어떻게 기대하고 소망하는지 나누어 봅시다.

2

드림의 삶

하나님께 드려지는
삶과 예배

아버지께 참되게 예배하는 자들은 영과 진리로 예배할 때가 오나니 곧 이 때라
아버지께서는 자기에게 이렇게 예배하는 자들을 찾으시느니라

_요한복음 4:23

예배

▶ 해설보기

하나님께 드리는 참된 예배와 삶에 관해 알아봅시다.

나눔) 예배 시간에 느꼈던 기쁨이나 감동들이 있었다면 나누어 봅시다.

1. 하나님이 찾으시는 사람은 누구입니까?

요한복음 4:23 아버지께 참되게 예배하는 자들은 영과 진리로 예
배할 때가 오나니 곧 이 때라 아버지께서는 자기에게 이렇게 예배
하는 자들을 찾으시느니라

_____

_____

_____

_____

💬 하나님께서는 성령과 진리의 말씀으로 진실하게 예배하는 자들을 찾으십니다.

2. 예배는 누구와 만나고 소통하는 시간입니까?

출애굽기 29:42 이는 너희가 대대로 여호와 앞 회막 문에서 늘
드릴 번제라 내가 거기서 너희와 만나고 네게 말하리라

_____

_____

_____

💬 구약시대 회막에서 드린 제사는 지금의 예배와 같으며 참된 예배를 통해
하나님과 만나고 우리를 향한 하나님의 뜻을 알게 됩니다.

3. 언제 예수님이 함께하신다고 약속했습니까?

마태복음 18:20 두세 사람이 내 이름으로 모인 곳에는 나도 그들
중에 있느니라

_____

_____

_____

💬 성도가 모이는 예배와 모임 가운데 예수님이 함께하십니다.

4. 하나님의 성일인 주일은 어떻게 지켜야 합니까?
그럴 때 주시는 축복은 무엇입니까?

이사야 58:13-14 만일 안식일에 네 발을 금하여 내 성일에 오락을 행하지 아니하고 안식일을 일컬어 즐거운 날이라, 여호와의 성일을 존귀한 날이라 하여 이를 존귀하게 여기고 네 길로 행하지 아니하며 네 오락을 구하지 아니하며 사사로운 말을 하지 아니하면 네가 여호와 안에서 즐거움을 얻을 것이라 내가 너를 땅의 높은 곳에 올리고 네 조상 야곱의 기업으로 기르리라 여호와의 입의 말씀이니라

_____

_____

_____

💬 주일을 귀하게 여기고 거룩하게 지킬 때 진정한 하나님의 백성이 되며 주님이 주시는 즐거움과 구원의 기쁨을 누릴 수 있습니다. 예배를 귀하게 여기지 않으면 결국 하나님을 떠나게 되고 멸망의 백성이 됩니다.

5. 우리는 헌금을 어떻게 드려야 합니까? 그때 주시는 축복은 무엇입니까?

잠언 3:9-10 네 재물과 네 소산물의 처음 익은 열매로 여호와를 공경하라

그리하면 네 창고가 가득히 차고 네 포도즙 틀에 새 포도즙이 넘치리라

_____

_____

_____

💬 소산물의 첫 열매를 하나님께 드린다는 것은 모든 소산물의 주인이 하나님임을 인정하는 것이며, 하나님의 뜻대로 물질을 사용하겠다는 신앙의 고백입니다. 그렇게 할 때 주님은 우리에게 물질의 축복도 부어 주십니다.

6. 어떤 모습으로 예배드려야 합니까?

시편 29:2 여호와께 그의 이름에 합당한 영광을 돌리며 거룩한 옷을 입고 여호와께 예배할지어다

_____

_____

_____

💬 우리가 할 수 있는 최상의 모습으로 예배드려야 합니다.

7. 무엇으로 예배드려야 합니까?

골로새서 3:16 그리스도의 말씀이 너희 속에 풍성히 거하여 모든 지혜로 피차 가르치며 권면하고 시와 찬송과 신령한 노래를 부르며 감사하는 마음으로 하나님을 찬양하고

_____

_____

_____

💬 하나님의 말씀이 선포되고 거룩함과 감사함으로 주님을 찬양해야 합니다.

8. 하나님의 공동체는 어떻게 모여야 합니까?

사도행전 2:46 날마다 마음을 같이하여 성전에 모이기를 힘쓰고 집에서 떡을 떼며 기쁨과 순전한 마음으로 음식을 먹고

_____

_____

_____

💬 성전에서 모여서 예배하기를 힘쓰고, 가정에서 소그룹으로 모여 예배하고 순전한 마음으로 교제해야 합니다.

9. 예배의 대상은 누구입니까?

마태복음 4:8-10 마귀가 또 그를 데리고 지극히 높은 산으로 가서
천하 만국과 그 영광을 보여
이르되 만일 내게 엎드려 경배하면 이 모든 것을 네게 주리라
이에 예수께서 말씀하시되 사탄아 물러가라 기록되었으되 주 너
의 하나님께 경배하고 다만 그를 섬기라 하였느니라

_____

_____

_____

💬 오직 하나님께만 예배해야 합니다. 사람이나 해, 달, 나무 같은 자연은 하나님
이 아니므로 경배하거나 섬겨서는 안 됩니다. 하나님 외에 다른 것을 섬기는 것
을 우상 숭배라고 합니다.

10. 예배는 어떻게 확대되었습니까?

시편 22:27 땅의 모든 끝이 여호와를 기억하고 돌아오며 모든 나라
의 모든 족속이 주의 앞에 예배하리니

_____

_____

_____

💬 이스라엘에서만 드려진 제사가 예수님을 통해 모든 민족이 하나님께 예배하게
되었습니다.

11. 삶 속에서의 진정한 예배는 무엇입니까?

로마서 12:1 그러므로 형제들아 내가 하나님의 모든 자비하심으로 너희를 권하노니 너희 몸을 하나님이 기뻐하시는 거룩한 산 제물로 드리라 이는 너희가 드릴 영적 예배니라

_____

_____

_____

우리의 직업과 인생과 모든 삶을 통해 하나님을 영화롭게 하는 것이 참된 예배입니다.

12. 예수님으로 인해서 우리의 신분은 어떻게 바뀌었습니까?

베드로전서 2:5 너희도 산 돌 같이 신령한 집으로 세워지고 예수 그리스도로 말미암아 하나님이 기쁘게 받으실 신령한 제사를 드릴 거룩한 제사장이 될지니라

_____

_____

_____

예수 그리스도를 통해 우리가 모두 스스로 하나님께 진정한 예배를 드릴 수 있는 거룩한 제사장이 되었습니다.

나눔) 나는 앞으로 어떻게 예배를 드려야 할지 나누어 봅시다.

주님과의 교제와
영적 성장

▶ 해설보기

어떻게 하나님과 교제하며 영적 성장을 이루는지 알아봅시다.

나눔) 나는 누구와 가장 깊이 있게 교제합니까?

1. 하나님이 우리를 부르신 목적은 무엇입니까?

고린도전서 1:9 너희를 불러 그의 아들 예수 그리스도 우리 주와 더
불어 교제하게 하시는 하나님은 미쁘시도다

_____

_____

_____

_____

💬 하나님은 우리와 교제하려고 부르셨습니다.

2. 우리는 누구와 사귈 수 있습니까?

요한1서 1:3 우리가 보고 들은 바를 너희에게도 전함은 너희로 우리와 사귐이 있게 하려 함이니 우리의 사귐은 아버지와 그의 아들 예수 그리스도와 더불어 누림이라

_____

_____

_____

💬 우리는 성령님을 통해 하나님과 그의 아들 예수 그리스도와의 영적인 사귐이 가능합니다. 이것을 위해서 하나님이 우리를 부르셨습니다.

3. 하나님과 언제 교제합니까?

시편 5:3 여호와여 아침에 주께서 나의 소리를 들으시리니 아침에 내가 주께 기도하고 바라리이다

_____

_____

_____

💬 하루의 첫 시간인 아침은 하나님과 깊이 있게 교제할 수 있는 좋은 시간입니다. 말씀과 기도를 통해 하나님과 소통하고 하루를 계획할 수 있습니다.

4. 하나님과 어떻게 교제합니까?

시편 119:147-148 내가 날이 밝기 전에 부르짖으며 주의 말씀을 바랐사오며

주의 말씀을 조용히 읊조리려고 내가 새벽녘에 눈을 떴나이다

_____

_____

_____

💬 '읊조리다'라는 뜻은 말씀을 반복하여 읽고 생각하여 깊이 있게 묵상한다는 뜻입니다. 방해받지 않는 조용한 시간을 선택하여 말씀 묵상과 기도로 하나님과 교제할 수 있습니다.

5. 삶 속에서 좋은 열매를 많이 맺으려면 어떻게 해야 합니까?

요한복음 15:5 나는 포도나무요 너희는 가지라 그가 내 안에, 내가 그 안에 거하면 사람이 열매를 많이 맺나니 나를 떠나서는 너희가 아무 것도 할 수 없음이라

_____

_____

_____

💬 포도나무인 예수님께 붙어 있지 않으면 우리는 아무 열매를 맺을 수 없습니다. 예수님과 동행하며 그 안에 거할 때 우리의 삶 속에서 하나님이 주시는 풍성한 열매를 맺을 수 있습니다.

6. 영적으로 자라지 못하는 이유는 무엇입니까?

히브리서 5:13 이는 젖을 먹는 자마다 어린 아이니 의의 말씀을 경
험하지 못한 자요

_____

_____

_____

💬 말씀을 통해서 하나님의 역사와 은혜를 체험할 수 있습니다.
그것이 없을 때 영적으로 자라지 못하고 어린아이로 머물게 됩니다.

7. 영적 공급이 필요한 이유가 무엇입니까?

베드로전서 2:2 갓난 아기들 같이 순전하고 신령한 젖을 사모하라
이는 그로 말미암아 너희로 구원에 이르도록 자라게 하려 함이라

_____

_____

_____

💬 마치 갓난아이가 엄마의 젖을 갈구하는 것처럼 영적으로 거듭난 자들이 성장하
기 위하여 하나님의 말씀을 갈망해야 합니다. 영적으로 성장하여 온전한 구원
을 이루어가야 합니다.

8. 믿음이 약한 자를 어떻게 대해야 합니까?

로마서 14:1,3 믿음이 연약한 자를 너희가 받되 그의 의견을 비판하지 말라

먹는 자는 먹지 않는 자를 업신여기지 말고 먹지 않는 자는 먹는 자를 비판하지 말라 이는 하나님이 그를 받으셨음이라

_____

_____

_____

💬 믿음이 약한 자를 하나님께서 받아주시듯이 우리도 그를 비판해서는 안 되며 안내와 기다림으로 품어야 합니다.

9. 아이처럼 순결할 부분과 어른처럼 장성해야 할 부분은 무엇입니까?

고린도전서 14:20 형제들아 지혜에는 아이가 되지 말고 악에는 어린 아이가 되라 지혜에는 장성한 사람이 되라

_____

_____

_____

💬 지혜에는 점점 성장하여야 하며 악한 데는 어린아이처럼 순결함을 유지해야 합니다.

10. 심는 자와 자라나게 하는 자는 누구입니까?

고린도전서 3:6-7 나는 심었고 아볼로는 물을 주었으되 오직 하나님께서 자라나게 하셨나니

그런즉 심는 이나 물 주는 이는 아무 것도 아니로되 오직 자라게 하시는 이는 하나님뿐이니라

_____

_____

_____

💬 우리는 말씀의 씨앗을 심지만 그것을 자라게 하시는 분은 하나님입니다.

11. 우리가 자라가야 할 부분은 무엇입니까?

베드로후서 3:18 오직 우리 주 곧 구주 예수 그리스도의 은혜와 그를 아는 지식에서 자라 가라 영광이 이제와 영원한 날까지 그에게 있을지어다

_____

_____

_____

💬 말씀을 통해 하나님의 깊은 은혜와 그를 아는 지식에 점점 자라가야 합니다.

12. 우리가 갖추어야 할 덕목은 무엇입니까?

베드로후서 1:5-7 그러므로 너희가 더욱 힘써 너희 믿음에 덕을, 덕
에 지식을,

지식에 절제를, 절제에 인내를, 인내에 경건을,

경건에 형제 우애를, 형제 우애에 사랑을 더하라

_____

_____

_____

💬 성령의 열매를 맺는 자들이 갖추어야 할 덕목들이며 결국 사랑으로 완성됩니다.

나눔) 내가 더 자라가야 할 부분은 무엇입니까?

더 성장하기 위해 해야 할 것은 무엇입니까?

PART 11 · 성경 I

▶ 해설보기

성경은 어떤 책이고 무엇을 위해서 기록되었는지 알아봅시다.

나눔) 성경을 제일 처음 읽었을 때는 언제입니까?

1. 성경이 우리에게 주는 유익은 어떤 것들이 있습니까?

디모데후서 3:15-17 또 어려서부터 성경을 알았나니 성경은 능히 너로 하여금 그리스도 예수 안에 있는 믿음으로 말미암아 구원에 이르는 지혜가 있게 하느니라

모든 성경은 하나님의 감동으로 된 것으로 교훈과 책망과 바르게 함과 의로 교육하기에 유익하니

이는 하나님의 사람으로 온전하게 하며 모든 선한 일을 행할 능력을 갖추게 하려 함이라

_____

_____

_____

_____

💬 성경을 통해 우리는 구원을 얻게 되며 모든 선한 일을 행하기에 온전한 하나님의 사람으로 거듭나게 됩니다.

2. 하나님의 말씀은 어떻게 성취됩니까?

마태복음 5:18 진실로 너희에게 이르노니 천지가 없어지기 전에는 율법의 일점 일획도 결코 없어지지 아니하고 다 이루리라

_____

_____

_____

💬 하나님의 말씀과 약속은 이 땅에서 반드시 성취되고 하나도 빠짐없이 모두 이루어질 것입니다.

3. 하나님의 말씀은 언제까지 지속됩니까?

베드로전서 1:24-25 그러므로 모든 육체는 풀과 같고 그 모든 영광은 풀의 꽃과 같으니 풀은 마르고 꽃은 떨어지되
오직 주의 말씀은 세세토록 있도다 하였으니 너희에게 전한 복음이 곧 이 말씀이니라

_____

_____

_____

💬 하나님의 말씀은 세세 무궁토록 영원히 지속됩니다.

4. 하나님의 말씀을 무엇에 비유합니까?

에베소서 6:17 구원의 투구와 성령의 검 곧 하나님의 말씀을 가지라

_____

_____

_____

💬 하나님의 말씀은 성령의 능력을 받는 통로가 되며 악의 세력과 싸울 수 있는 무기가 됩니다.

5. 사람은 무엇으로 살아가야 합니까?

마태복음 4:4 예수께서 대답하여 이르시되 기록되었으되 사람이 떡으로만 살 것이 아니요 하나님의 입으로부터 나오는 모든 말씀으로 살 것이라 하였느니라 하시니

_____

_____

_____

💬 육체의 생명을 위해 음식이 필요하듯 영적인 생명을 위해서는 하나님 말씀으로 살아야 합니다.

6. 하나님의 말씀을 어떻게 간직해야 합니까?

잠언 7:1-3 내 아들아 내 말을 지키며 내 계명을 간직하라

내 계명을 지켜 살며 내 법을 네 눈동자처럼 지키라

이것을 네 손가락에 매며 이것을 네 마음판에 새기라

_____

_____

_____

💬 하나님의 말씀은 곧 우리의 생명이기 때문에 삶 속에서 늘 접하며 소중히 간직해야 합니다.

7. 하나님의 말씀을 어떻게 가르쳐야 합니까?

신명기 6:6-9 오늘 내가 네게 명하는 이 말씀을 너는 마음에 새기고 네 자녀에게 부지런히 가르치며 집에 앉았을 때에든지 길을 갈 때 에든지 누워 있을 때에든지 일어날 때에든지 이 말씀을 강론할 것이며 너는 또 그것을 네 손목에 매어 기호를 삼으며 네 미간에 붙여 표로 삼고

또 네 집 문설주와 바깥 문에 기록할지니라

_____

_____

_____

💬 읽기와 암송과 반복을 통해서 먼저 내 마음에 하나님의 말씀을 새겨야 하며, 우리의 일상 속에서 다른 사람에게 말씀을 부지런히 가르쳐야 합니다.

8. 이 세상은 무엇으로 지어졌습니까?

히브리서 11:3 믿음으로 모든 세계가 하나님의 말씀으로 지어진 줄
을 우리가 아나니 보이는 것은 나타난 것으로 말미암아 된 것이 아
니니라

_____

_____

_____

💬 아무것도 없던 세상에서 하나님의 말씀으로 모든 만물이 창조되었습니다.

9. 성경이 기록된 목적은 무엇입니까?

요한복음 20:31 오직 이것을 기록함은 너희로 예수께서 하나님의
아들 그리스도이심을 믿게 하려 함이요 또 너희로 믿고 그 이름을
힘입어 생명을 얻게 하려 함이니라

_____

_____

_____

💬 성경이 기록된 목적은 예수님이 이 땅에 구원자로 오신 것을 믿어 생명을 얻게
하는 데 있습니다.

10. 하나님의 말씀이 우리를 어떻게 보호하고 인도합니까?

잠언 6:22-23 그것이 네가 다닐 때에 너를 인도하며 네가 잘 때에 너를 보호하며 네가 깰 때에 너와 더불어 말하리니

대저 명령은 등불이요 법은 빛이요 훈계의 책망은 곧 생명의 길이라

_____

_____

_____

💬 말씀을 가까이할 때 그것이 우리를 보호하고 우리가 나아가야 할 길을 인도 합니다.

11. 하나님의 말씀은 어떤 능력이 있습니까?

시편 19:7-8 여호와의 율법은 완전하여 영혼을 소성시키며 여호와의 증거는 확실하여 우둔한 자를 지혜롭게 하며

여호와의 교훈은 정직하여 마음을 기쁘게 하고 여호와의 계명은 순결하여 눈을 밝게 하시도다

_____

_____

_____

💬 하나님의 말씀은 우리를 지혜롭게 하며, 영적 기쁨과 통찰력을 주며, 영혼을 순결하게 합니다.

12. 하나님의 말씀은 우리 마음에 어떻게 역사합니까?

히브리서 4:12 하나님의 말씀은 살아 있고 활력이 있어 좌우에 날선 어떤 검보다도 예리하여 혼과 영과 및 관절과 골수를 찔러 쪼개기까지 하며 또 마음의 생각과 뜻을 판단하나니

_____

_____

_____

💬 하나님의 말씀은 살아서 역사하여 우리의 모든 것을 감찰하며, 올바른 길로 변화시킵니다.

나눔) 하나님의 말씀은 나를 어떻게 변화시킵니까?

성경 Ⅱ

▶ 해설보기

하나님의 말씀이 우리에게 주는 축복에 대해서 알아봅시다.
또한, 성경을 어떻게 읽고 묵상해야 하는지 살펴봅시다.

나눔) 나는 하나님의 말씀을 언제 묵상하나요?

1. 하나님의 말씀이 우리에게 주는 것은 무엇입니까?

요한복음 8:31-32 그러므로 예수께서 자기를 믿은 유대인들에게

이르시되 너희가 내 말에 거하면 참으로 내 제자가 되고

진리를 알지니 진리가 너희를 자유롭게 하리라

_____

_____

_____

_____

💬 하나님의 말씀은 우리에게 인생의 짐과 죄와 죽음으로부터 자유를 주며,
우리에게 참된 쉼과 안식을 줍니다.

2. 우리는 무엇을 통해 거룩해집니까?

디모데전서 4:5 하나님의 말씀과 기도로 거룩하여짐이라

_____

_____

_____

💬 하나님의 말씀과 기도를 통해 점점 하나님을 닮아가며 거룩해집니다.

3. 무엇으로 우리의 행실을 깨끗하게 할 수 있습니까?

시편 119:9 청년이 무엇으로 그의 행실을 깨끗하게 하리이까 주의
말씀만 지킬 따름이니이다

_____

_____

_____

💬 하나님의 말씀을 묵상하고 지키는 것만이 우리를 깨끗하게 할 수 있습니다.

4. 죄를 범하지 않으려면 어떻게 해야 합니까?

시편 119:11 내가 주께 범죄하지 아니하려 하여 주의 말씀을 내 마음에 두었나이다

_____

_____

_____

💬 말씀은 우리가 죄를 이길 힘을 주며 말씀을 가까이할 때 행할 수 있는 능력이 생깁니다.

5. 무엇이 우리의 길을 인도합니까?

시편 119:105 주의 말씀은 내 발에 등이요 내 길에 빛이니이다

_____

_____

_____

💬 주님의 말씀은 올바른 길로 인도하는 등불과도 같습니다. 말씀을 의지하여 살아갈 때 복된 인생길이 됩니다.

6. 누가 하나님의 복을 받습니까?

누가복음 11:28 예수께서 이르시되 오히려 하나님의 말씀을 듣고 지키는 자가 복이 있느니라 하시니라

_____

_____

_____

💬 하나님의 말씀을 듣기만 하는 자가 아니라 실생활에 실천하고 행하는 자가 복을 받습니다. 우리의 순종이 더해질 때 하나님의 역사가 나타납니다.

7. 성경을 해석할 때 주의해야 할 것은 무엇입니까?

베드로후서 1:20-21 먼저 알 것은 성경의 모든 예언은 사사로이 풀 것이 아니니
예언은 언제든지 사람의 뜻으로 낸 것이 아니요 오직 성령의 감동 하심을 받은 사람들이 하나님께 받아 말한 것임이라

_____

_____

_____

💬 성경은 자기 나름대로 해석해서는 안 됩니다. 반드시 공인된 신학의 목회자와 교회에서 배우고 공부해야 합니다.

8. 복음을 변질시키고 이단 신앙을 전하면 어떻게 됩니까?

갈라디아서 1:9 우리가 전에 말하였거니와 내가 지금 다시 말하노니 만일 누구든지 너희가 받은 것 외에 다른 복음을 전하면 저주를 받을지어다

_____

_____

_____

💬 복음을 변질시키고 믿는 자를 미혹시키는 자에게 하나님의 형벌이 더해질 것입니다.

9. 하나님의 말씀을 어떻게 읽어야 합니까?

신명기 17:19 평생에 자기 옆에 두고 읽어 그의 하나님 여호와 경외하기를 배우며 이 율법의 모든 말과 이 규례를 지켜 행할 것이라

_____

_____

_____

💬 성경은 평생 옆에 두고 항상 읽어야 합니다.

10. 하나님의 말씀을 사모하는 자들에게 말씀이 어떻게 느껴집니까?

시편 19:9-10 여호와를 경외하는 도는 정결하여 영원까지 이르고 여호와의 법도 진실하여 다 의로우니

금 곧 많은 순금보다 더 사모할 것이며 꿀과 송이꿀보다 더 달도다

_____

_____

_____

말씀이 주는 감동과 은혜의 놀라움을 경험하게 되면 꿀과 같은 말씀의 참맛을 알게 됩니다.

11. 베뢰아 사람들은 성경을 어떻게 읽었습니까?

사도행전 17:11 베뢰아에 있는 사람들은 데살로니가에 있는 사람들보다 더 너그러워서 간절한 마음으로 말씀을 받고 이것이 그러한가 하여 날마다 성경을 상고하므로

_____

_____

_____

성경은 추상적인 먼 곳의 이야기가 아니고 나의 삶 속에 적용할 수 있는 실제적인 것입니다. 날마다 성경을 내 삶 속에 적용하고 실천할 때 삶 속에서 역사하시는 하나님의 손길을 경험할 수 있습니다.

12. 어떤 사람이 복 있는 사람입니까?

시편 1:1-3 복 있는 사람은 악인들의 꾀를 따르지 아니하며 죄인들의 길에 서지 아니하며 오만한 자들의 자리에 앉지 아니하고
오직 여호와의 율법을 즐거워하여 그의 율법을 주야로 묵상하는 도다
그는 시냇가에 심은 나무가 철을 따라 열매를 맺으며 그 잎사귀가 마르지 아니함 같으니 그가 하는 모든 일이 다 형통하리로다

_____

_____

_____

💬 복있는 사람은 날마다 성경을 묵상하고 그대로 살려고 노력하는 사람입니다. 그런 사람은 때에 맞는 삶의 열매를 맺을 수 있습니다.

나눔) 나는 성경을 어떻게 읽고 묵상할 것인지 나누어 봅시다.

PART 13 | 기도 I

▶ 해설보기

기도는 하나님과의 소통입니다. 성경에 나온 기도의 예들을 보고 어떻게 하나님께 기도해야 하는지 알아봅시다.

나눔) 나는 언제 기도합니까?

1. 기도할 때 누구의 이름으로 기도해야 합니까?

요한복음 14:13-14 너희가 내 이름으로 무엇을 구하든지 내가 행하리니 이는 아버지로 하여금 아들로 말미암아 영광을 받으시게 하려 함이라

내 이름으로 무엇이든지 내게 구하면 내가 행하리라

_____

_____

_____

_____

💬 모든 기도는 예수님의 이름으로 기도해야 합니다. 주님의 이름으로 기도하면 주님이 행하신다고 약속합니다.

2. 하나님께 부르짖으면 무엇을 주십니까?

예레미야 33:3 너는 내게 부르짖으라 내가 네게 응답하겠고 네가 알지 못하는 크고 은밀한 일을 네게 보이리라

_____

_____

_____

💬 기도에 대한 하나님의 응답과 비밀은 우리의 생각을 뛰어넘습니다. 우리가 하나님께 간절히 부르짖을 때 놀라운 하나님의 비밀과 새로운 길을 알게 됩니다.

3. 기도 응답을 받는 비결은 무엇입니까?

요한1서 3:22 무엇이든지 구하는 바를 그에게서 받나니 이는 우리가 그의 계명을 지키고 그 앞에서 기뻐하시는 것을 행함이라

_____

_____

_____

💬 하나님의 뜻대로 행하고 그 명령을 실행하는 자에게 기도에 대한 더욱 구체적이고 확실한 응답이 있습니다.

4. 하나님 앞에 가질 수 있는 우리의 담대함은 어떤 것입니까?

요한1서 5:14-15 그를 향하여 우리가 가진 바 담대함이 이것이니 그의 뜻대로 무엇을 구하면 들으심이라

우리가 무엇이든지 구하는 바를 들으시는 줄을 안즉 우리가 그에게 구한 그것을 얻은 줄을 또한 아느니라

_____

_____

_____

💬 기도 응답의 확신을 가질 때 우리는 더욱 하나님께 담대히 기도하고 간구할 수 있습니다. 하나님은 우리의 기도에 반드시 응답하십니다.

5. 더 강력한 기도는 무엇입니까?

마태복음 18:19 진실로 다시 너희에게 이르노니 너희 중의 두 사람이 땅에서 합심하여 무엇이든지 구하면 하늘에 계신 내 아버지께서 그들을 위하여 이루게 하시리라

_____

_____

_____

💬 공동체가 함께 모여 기도하면 더 강력한 능력과 하나님의 역사가 나타납니다.

6. 하나님의 기도에 대한 응답을 무엇에 비유하고 있습니까?

마태복음 7:7-11 구하라 그리하면 너희에게 주실 것이요 찾으라 그리하면 찾아낼 것이요 문을 두드리라 그리하면 너희에게 열릴 것이니

구하는 이마다 받을 것이요 찾는 이는 찾아낼 것이요 두드리는 이에게는 열릴 것이니라

너희 중에 누가 아들이 떡을 달라 하는데 돌을 주며

생선을 달라 하는데 뱀을 줄 사람이 있겠느냐

너희가 악한 자라도 좋은 것으로 자식에게 줄 줄 알거든 하물며 하늘에 계신 너희 아버지께서 구하는 자에게 좋은 것으로 주시지 않겠느냐

_____

_____

_____

💬 아버지가 사랑하는 자녀에게 최고로 좋은 것으로 주듯이 우리가 구하는 것을 하나님은 아버지의 사랑으로 주십니다.

7. 다니엘은 어떻게 기도했습니까?

다니엘 6:10 다니엘이 이 조서에 왕의 도장이 찍힌 것을 알고도 자기 집에 돌아가서는 윗방에 올라가 예루살렘으로 향한 창문을 열고 전에 하던 대로 하루 세 번씩 무릎을 꿇고 기도하며 그의 하나님께 감사하였더라

_____

_____

_____

💬 기도하면 죽는 핍박 속에서도 다니엘은 정기적으로 기도했습니다. 일정한 시간에 기도의 습관을 갖는 것이 중요합니다.

8. 모세는 어떻게 기도했습니까?

출애굽기 33:11 사람이 자기의 친구와 이야기함 같이 여호와께서는 모세와 대면하여 말씀하시며 모세는 진으로 돌아오나 눈의 아들 젊은 수종자 여호수아는 회막을 떠나지 아니하니라

_____

_____

_____

💬 기도는 친구와 이야기하듯이 자연스럽고 숨김없이 하나님과 대화하는 것입니다.

9. 엘리야는 어떤 기도 응답을 받았습니까?

야고보서 5:17-18 엘리야는 우리와 성정이 같은 사람이로되 그가
비가 오지 않기를 간절히 기도한즉 삼 년 육 개월 동안 땅에 비가
오지 아니하고
다시 기도하니 하늘이 비를 주고 땅이 열매를 맺었느니라

_____

_____

_____

때로는 우리에게 필요한 환경을 위해 기도할 때에도 하나님은 응답하십니다.

10. 사무엘은 어떻게 기도했습니까?

사무엘상 12:23 나는 너희를 위하여 기도하기를 쉬는 죄를 여호와
앞에 결단코 범하지 아니하고 선하고 의로운 길을 너희에게 가르
칠 것인즉

_____

_____

_____

우리는 다른 사람들을 위해 늘 중보기도 해야 합니다.

11. 예수님은 언제 기도했습니까?

누가복음 6:12 이 때에 예수께서 기도하시러 산으로 가사 밤이 새
도록 하나님께 기도하시고

_____

_____

_____

💬 예수님은 열두 제자를 뽑기 전에 밤을 새워 기도하셨습니다.

12. 예수님은 언제 기도했습니까?

마가복음 1:35 새벽 아직도 밝기 전에 예수께서 일어나 나가 한적
한 곳으로 가사 거기서 기도하시더니

_____

_____

_____

💬 예수님은 하루의 첫 시간인 새벽에 기도했습니다.

13. 예수님은 십자가의 고난을 당하시기 전에 어떻게 기도했습니까?

누가복음 22:44 예수께서 힘쓰고 애써 더욱 간절히 기도하시니 땀이 땅에 떨어지는 핏방울 같이 되더라

_____

_____

_____

💬 땀이 피로 변할 정도로 생명을 다해 간절히 기도하셨습니다.

나눔) 나는 기도 응답에 대해 얼마나 확신이 있습니까?

PART 14

기도 II

▶ 해설보기

기도의 능력에 대해서 알아봅시다.

나눔) 기도 응답의 체험이 있다면 나누어 봅시다.

1. 누구를 위해서 기도해야 합니까?

디모데전서 2:1-2 그러므로 내가 첫째로 권하노니 모든 사람을 위하여 간구와 기도와 도고와 감사를 하되
임금들과 높은 지위에 있는 모든 사람을 위하여 하라 이는 우리가 모든 경건과 단정함으로 고요하고 평안한 생활을 하려 함이라

_____

_____

_____

_____

💬 도고는 남을 위해서 하는 중보기도를 의미합니다. 우리는 모든 사람을 위해서 간구해야 하며 특별히 고위직에 있는 지도자들을 위해서 기도해야 합니다. 이것을 통해서 우리가 평화를 누립니다.

2. 우리가 죄를 지었을 때 어떻게 해결할 수 있습니까?

요한1서 1:9 만일 우리가 우리 죄를 자백하면 그는 미쁘시고 의로우
사 우리 죄를 사하시며 우리를 모든 불의에서 깨끗하게 하실 것이요

_____

_____

_____

💬 우리는 죄 없이 살아갈 수 없는 존재들이지만 죄가 있을 때마다 회개 기도를 통해 예
수님의 십자가 보혈로 깨끗함을 얻을 수 있으며 점점 죄 없는 정결한 삶을 살아가게
됩니다.

3. 어디에서 기도해야 합니까?

마태복음 6:6 너는 기도할 때에 네 골방에 들어가 문을 닫고 은밀
한 중에 계신 네 아버지께 기도하라 은밀한 중에 보시는 네 아버지
께서 갚으시리라

_____

_____

_____

💬 기도는 누구에게 보이려고 하거나 과시하는 것이 아니라 하나님과 은밀히 소통
하는 것입니다. 하나님과 깊이 있는 대화가 가능한 나만의 장소에서 기도해야
합니다.

4. 기도는 어떤 능력이 있습니까?

마가복음 9:28-29 집에 들어가시매 제자들이 조용히 묻자오되 우리는 어찌하여 능히 그 귀신을 쫓아내지 못하였나이까

이르시되 기도 외에 다른 것으로는 이런 종류가 나갈 수 없느니라 하시니라

_____

_____

_____

💬 기도는 악한 사탄과 마귀를 쫓고 결박하는 능력이 있습니다. 이것은 오직 기도로만 가능합니다.

5. 우리를 향한 하나님의 뜻은 무엇입니까?

데살로니가전서 5:16-18 항상 기뻐하라

쉬지 말고 기도하라

범사에 감사하라 이것이 그리스도 예수 안에서 너희를 향하신 하나님의 뜻이니라

_____

_____

_____

💬 쉬지 말고 기도하라는 것은 모든 일에 늘 하나님을 의지하고 그분과 기도로 소통하라는 것입니다. 그럴 때 기쁨이 있고 모든 일에 감사할 수 있습니다.

6. 회개 기도는 어떤 태도로 해야 합니까?

역대하 7:14 내 이름으로 일컫는 내 백성이 그들의 악한 길에서 떠나 스스로 낮추고 기도하여 내 얼굴을 찾으면 내가 하늘에서 듣고 그들의 죄를 사하고 그들의 땅을 고칠지라

_____

_____

_____

💬 나 자신을 부인하고 하나님 앞에 낮추고 겸비하는 태도로 기도할 때 하나님은 이 땅을 치유하십니다.

7. 우리에게 염려가 찾아올 때 하나님의 평강을 지키는 길은 무엇입니까?

빌립보서 4:6-7 아무 것도 염려하지 말고 다만 모든 일에 기도와 간구로, 너희 구할 것을 감사함으로 하나님께 아뢰라
그리하면 모든 지각에 뛰어난 하나님의 평강이 그리스도 예수 안에서 너희 마음과 생각을 지키시리라

_____

_____

_____

💬 때때로 염려와 두려움이 찾아올 때 우리의 사정을 감사함으로 하나님께 아뢰고 기도하면 하나님의 평강이 우리의 마음을 지킵니다.

8. 지혜가 필요할 때 어떻게 기도해야 합니까?

야고보서 1:5-6 너희 중에 누구든지 지혜가 부족하거든 모든 사람에게 후히 주시고 꾸짖지 아니하시는 하나님께 구하라 그리하면 주시리라

오직 믿음으로 구하고 조금도 의심하지 말라 의심하는 자는 마치 바람에 밀려 요동하는 바다 물결 같으니

_____

_____

_____

💬 기도를 통해 하나님은 우리에게 필요한 지혜를 주십니다. 기도는 의심으로 하는 것이 아니라 오직 하나님이 최상의 것으로 주실 것을 믿는 믿음으로 해야 합니다.

9. 믿음의 기도는 어떤 능력이 있습니까?

마가복음 11:23-24 내가 진실로 너희에게 이르노니 누구든지 이 산더러 들리어 바다에 던져지라 하며 그 말하는 것이 이루어질 줄 믿고 마음에 의심하지 아니하면 그대로 되리라

그러므로 내가 너희에게 말하노니 무엇이든지 기도하고 구하는 것은 받은 줄로 믿으라 그리하면 너희에게 그대로 되리라

_____

_____

_____

💬 하나님의 응답을 철저히 신뢰하는 기도만큼 능력 있는 기도는 없습니다.

10. 우리를 위해서 간구해 주시는 분은 누구입니까?

로마서 8:26 이와 같이 성령도 우리의 연약함을 도우시나니 우리는 마땅히 기도할 바를 알지 못하나 오직 성령이 말할 수 없는 탄식으로 우리를 위하여 친히 간구하시느니라

_____

_____

_____

우리 자신의 능력으로 하는 것이 아니라 성령님의 도우심을 힘입어서 기도할 수 있습니다. 성령께서는 기도할 필요한 힘과 능력을 우리 마음속에 주십니다.

11. 악한 재판장은 무슨 이유로 과부의 간청을 들어 주었습니까?

누가복음 18:1-8 예수께서 그들에게 항상 기도하고 낙심하지 말아야 할 것을 비유로 말씀하여

이르시되 어떤 도시에 하나님을 두려워하지 않고 사람을 무시하는 한 재판장이 있는데

그 도시에 한 과부가 있어 자주 그에게 가서 내 원수에 대한 나의 원한을 풀어 주소서 하되

그가 얼마 동안 듣지 아니하다가 후에 속으로 생각하되 내가 하나님을 두려워하지 않고 사람을 무시하나

이 과부가 나를 번거롭게 하니 내가 그 원한을 풀어 주리라 그렇지 않으면 늘 와서 나를 괴롭게 하리라 하였느니라

주께서 또 이르시되 불의한 재판장이 말한 것을 들으라

하물며 하나님께서 그 밤낮 부르짖는 택하신 자들의 원한을 풀어 주지 아니하시겠느냐 그들에게 오래 참으시겠느냐

내가 너희에게 이르노니 속히 그 원한을 풀어 주시리라 그러나 인자가 올 때에 세상에서 믿음을 보겠느냐 하시니라

_____

_____

_____

💬 사람을 무시하는 악한 재판장도 과부의 간구 때문에 그의 소원을 들어주었습니다. 선하신 하나님은 우리의 간절한 기도를 간과하지 않으시고 좋은 것으로 응답하십니다. 그래서 우리는 낙심하지 않고 항상 기도할 수 있습니다.

12. 병든 자를 위해서 우리가 해야 할 일은 무엇입니까?

야고보서 5:16 그러므로 너희 죄를 서로 고백하며 병이 낫기를 위하여 서로 기도하라 의인의 간구는 역사하는 힘이 큼이니라

_____

_____

💬 병을 낫게 하는 기도는 특별한 능력을 받은 자만 할 수 있는 것이 아닙니다. 성경에서는 의인의 기도가 치유의 능력이 있다고 말씀합니다. 우리의 지체들이 병들어 아플 때 믿음의 기도를 해야 합니다.

13. 하나님이 바울의 기도를 거절하신 이유는 무엇입니까?

고린도후서 12:7-9 여러 계시를 받은 것이 지극히 크므로 너무 자만하지 않게 하시려고 내 육체에 가시 곧 사탄의 사자를 주셨으니 이는 나를 쳐서 너무 자만하지 않게 하려 하심이라
이것이 내게서 떠나가게 하기 위하여 내가 세 번 주께 간구하였더니 나에게 이르시기를 내 은혜가 네게 족하도다 이는 내 능력이 약한 데서 온전하여짐이라 하신지라 그러므로 도리어 크게 기뻐함으로 나의 여러 약한 것들에 대하여 자랑하리니 이는 그리스도의 능력이 내게 머물게 하려 함이라

_____

_____

💬 바울은 자신의 몸에 병이 낫기를 세 번씩이나 간절히 기도했지만, 하나님은 바울의 겸손함을 위해서 들어주지 않으셨습니다. 하나님께서는 때로는 우리를 위해서 기도와 간구를 거절하실 때가 있습니다. 거절도 하나님의 응답이며 결국 우리에게 축복이 됩니다.

14. 우리가 구해도 얻지 못하는 이유는 무엇입니까?

야고보서 4:2-3 너희는 욕심을 내어도 얻지 못하여 살인하며 시기
하여도 능히 취하지 못하므로 다투고 싸우는도다 너희가 얻지 못
함은 구하지 아니하기 때문이요
구하여도 받지 못함은 정욕으로 쓰려고 잘못 구하기 때문이라

_____

_____

_____

우리가 얻지 못함은 구하지 않기 때문입니다. 하지만 구해도 얻지 못하는 것은
우리의 잘못된 욕심과 육신의 정욕을 위해서 구하기 때문입니다. 이런 것들은
우리에게 유익이 되지 못하기 때문에 주시지 않습니다.

나눔) 내가 지금 하나님께 구해야 할 것은 무엇입니까?

3

평안의 삶

생활 속에서 누리는
평안과 영성

평안을 너희에게 끼치노니 곧 나의 평안을 너희에게 주노라
내가 너희에게 주는 것은 세상이 주는 것과 같지 아니하니라
너희는 마음에 근심하지도 말고 두려워하지도 말라

_요한복음 14:27

주되심

▶ 해설보기

이 세상과 나의 주인이 누구인지 알아보고
그것이 우리의 삶을 어떻게 바꾸는지 살펴봅시다.

나눔) 내 인생의 주인은 누구입니까?

1. 모든 사람의 주인은 누구입니까?

빌립보서 2:9-11 이러므로 하나님이 그를 지극히 높여 모든 이름

위에 뛰어난 이름을 주사

하늘에 있는 자들과 땅에 있는 자들과 땅 아래에 있는 자들로 모든

무릎을 예수의 이름에 꿇게 하시고

모든 입으로 예수 그리스도를 주라 시인하여 하나님 아버지께 영

광을 돌리게 하셨느니라

_____

_____

_____

_____

💬 예수님은 십자가에서 죽으심으로 모든 사람의 구세주가 되었습니다.

2. 누가 천국에 들어갑니까?

마태복음 7:21 나더러 주여 주여 하는 자마다 다 천국에 들어갈 것이
아니요 다만 하늘에 계신 내 아버지의 뜻대로 행하는 자라야 들어가리라

_____

_____

_____

💬 예수님을 입으로만 주님으로 부르는 것이 아니라 진정한 인생의 주인으로
모시고 하나님의 뜻을 따라 행하는 사람이 참된 신앙인입니다.

3. 재물의 복은 누가 주십니까?

신명기 8:17-18 그러나 네가 마음에 이르기를 내 능력과 내 손의 힘
으로 내가 이 재물을 얻었다 말할 것이라
네 하나님 여호와를 기억하라 그가 네게 재물 얻을 능력을 주셨음
이라 이같이 하심은 네 조상들에게 맹세하신 언약을 오늘과 같이
이루려 하심이니라

_____

_____

_____

💬 하나님은 우리에게 필요에 따라 재물 얻는 능력을 주십니다.
우리가 가진 물질의 주인도 하나님입니다.

4. 많은 죄악의 뿌리는 무엇입니까?

디모데전서 6:10 돈을 사랑함이 일만 악의 뿌리가 되나니 이것을
탐내는 자들은 미혹을 받아 믿음에서 떠나 많은 근심으로써 자기를
찔렀도다

_____

_____

_____

💬 모든 악의 근원이 돈을 사랑하는 것으로부터 시작됩니다. 물질의 주인이 하나
님임을 인정할 때 돈의 노예가 되지 않습니다.

5. 이 세상 만물과 사람들은 누구의 소유입니까?

시편 24:1 땅과 거기에 충만한 것과 세계와 그 가운데에 사는 자들은
다 여호와의 것이로다

_____

_____

_____

💬 이 세상은 만물을 만드신 하나님의 소유이며 그분이 우리의 주인입니다.

6. 인간의 삶을 누가 주관하십니까?

신명기 32:39 이제는 나 곧 내가 그인 줄 알라 나 외에는 신이 없도다
나는 죽이기도 하며 살리기도 하며 상하게도 하며 낫게도 하나니 내
손에서 능히 빼앗을 자가 없도다

_____

_____

_____

💬 우리의 생사화복을 주관하시는 분은 하나님입니다.

7. 우리 안에 누가 주인으로 거하십니까?

고린도전서 6:19-20 너희 몸은 너희가 하나님께로부터 받은 바 너희
가운데 계신 성령의 전인 줄을 알지 못하느냐 너희는 너희 자신의
것이 아니라
값으로 산 것이 되었으니 그런즉 너희 몸으로 하나님께 영광을 돌리라

_____

_____

_____

💬 성령 하나님이 우리 몸 안에 거하시며 우리 몸은 하나님이 거하시는 성전이 됩
니다. 죄로 죽은 우리를 십자가의 피의 대가로 구원하셨기 때문에 이제 우리는
하나님의 것입니다.

8. 배우자는 어떤 기준 안에서 선택해야 합니까?

고린도후서 6:14 너희는 믿지 않는 자와 멍에를 함께 메지 말라 의와 불법이 어찌 함께 하며 빛과 어둠이 어찌 사귀며

_____

_____

_____

💬 배우자의 선택도 우리 마음대로 하는 것이 아니라 믿는 자 안에서 선택해야 합니다. 빛과 어둠은 하나가 될 수 없습니다.

9. 하나님과 우리를 무엇으로 비유하고 있습니까?

이사야 64:8 그러나 여호와여, 이제 주는 우리 아버지시니이다 우리는 진흙이요 주는 토기장이시니 우리는 다 주의 손으로 지으신 것이니이다

_____

_____

_____

💬 토기장이가 진흙으로 그릇을 만들듯이 하나님이 우리를 지으셨습니다.

10. 우리 삶의 목적은 무엇입니까?

로마서 14:8 우리가 살아도 주를 위하여 살고 죽어도 주를 위하여
죽나니 그러므로 사나 죽으나 우리가 주의 것이로다

_____

_____

_____

💬 하나님의 영광을 위해서 사는 것이 우리의 목적이며, 그것이 우리가 가장 행복
하게 살 수 있는 길입니다.

11. 우리는 어떻게 죽고 어떻게 살아가야 합니까?

갈라디아서 2:20 내가 그리스도와 함께 십자가에 못 박혔나니 그런
즉 이제는 내가 사는 것이 아니요 오직 내 안에 그리스도께서 사시
는 것이라 이제 내가 육체 가운데 사는 것은 나를 사랑하사 나를 위
하여 자기 자신을 버리신 하나님의 아들을 믿는 믿음 안에서 사는
것이라

_____

_____

💬 예수님이 십자가에 죽을 때 죄인인 우리도 같이 죽었고 예수님이 새로운 몸으
로 부활했을 때 우리도 새 생명으로 다시 태어났습니다. 예수님을 믿는 사람은
예수님과 함께 믿음 안에서 동행하며 새로운 삶을 살게 됩니다.

나눔) 하나님이 주인임을 인정하지 못한 부분은 어떤 것들이 있습니까?

PART
16

인도하심

해설보기

인생에서 누군가 나의 길을 인도해 줄 분이 있다는 것은 큰 축복입니다.
우리 길을 인도하실 하나님에 대해 알아봅시다.

나눔) 낯선 곳에서 잘 정착할 수 있도록 도움을 준 사람이 있다면
나누어 봅시다.

1. 하나님은 밤낮으로 어떻게 이스라엘 백성을 인도하셨습니까?

출애굽기 13:21 여호와께서 그들 앞에서 가시며 낮에는 구름 기둥
으로 그들의 길을 인도하시고 밤에는 불 기둥을 그들에게 비추사
낮이나 밤이나 진행하게 하시니

_____

_____

_____

_____

💬 출애굽 당시 광야는 아무것도 없는 황무지였습니다. 그곳에서 하나님은 젖과
꿀이 흐르는 가나안 땅으로 그들을 인도하기 위해 낮에는 구름 기둥으로 밤에
는 불기둥으로 그들을 보호하시고 인도하셨습니다.

2. 하나님은 이스라엘 백성을 광야에서 어떻게 인도하셨습니까?

신명기 8:4,6 이 사십 년 동안에 네 의복이 해어지지 아니하였고 네 발이 부르트지 아니하였느니라

네 하나님 여호와의 명령을 지켜 그의 길을 따라가며 그를 경외할 지니라

_____

_____

_____

💬 험한 40년의 광야 생활 가운데 하나님은 이스라엘 백성들을 친히 보호하시고 그들의 길을 인도하셨습니다.

3. 하나님의 인도하심을 무엇에 비유하고 있습니까?

출애굽기 19:4 내가 애굽 사람에게 어떻게 행하였음과 내가 어떻게 독수리 날개로 너희를 업어 내게로 인도하였음을 너희가 보았느니라

_____

_____

_____

💬 홍해를 가르시고, 만나와 메추라기로 먹이시고, 바위에서 물을 나오게 하시는 하나님의 인도하심과 같이 우리의 길도 인도해 가십니다.

4. 하나님은 우리를 언제까지 인도하십니까?

시편 48:14 이 하나님은 영원히 우리 하나님이시니 그가 우리를
죽을 때까지 인도하시리로다

💬 우리의 생명이 다하는 날까지 인도하시며 결국 영원한 천국으로 이끄실 것입니다.

5. 하나님은 메마르고 어려운 상황에서 어떻게 인도하십니까?

이사야 58:11 여호와가 너를 항상 인도하여 메마른 곳에서도 네 영
혼을 만족하게 하며 네 뼈를 견고하게 하리니 너는 물 댄 동산 같
겠고 물이 끊어지지 아니하는 샘 같을 것이라

💬 하나님은 물이 그치지 않는 풍요로운 동산과 같이 우리 영혼을 만족하게 하실
것입니다.

6. 하나님은 때에 따라 무엇을 주시겠다고 약속하십니까?

요엘 2:23 시온의 자녀들아 너희는 너희 하나님 여호와로 말미암아 기뻐하며 즐거워할지어다 그가 너희를 위하여 비를 내리시되 이른 비를 너희에게 적당하게 주시리니 이른 비와 늦은 비가 예전과 같을 것이라

_____

_____

_____

💬 가을에 내리는 '이른 비'와 봄에 내리는 '늦은 비'는 팔레스타인 지방 농사에 있어서 가장 중요한 역할을 합니다. 하나님은 적당한 때에 우리에게 필요한 것을 채워주실 것을 약속하십니다.

7. 우리가 계획한 대로 일이 이루어집니까?

잠언 16:9 사람이 마음으로 자기의 길을 계획할지라도 그의 걸음을 인도하시는 이는 여호와시니라

_____

_____

_____

💬 우리는 최선을 다해 일을 계획하고 준비해야 합니다. 하지만 결국 그것에 대한 진행과 결과는 하나님의 선하신 인도하심에 맡겨야 합니다. 우리 길의 주인은 하나님입니다.

8. 어떻게 해야 하나님의 인도하심을 받을 수 있습니까?

잠언 3:5-6 너는 마음을 다하여 여호와를 신뢰하고 네 명철을 의지하지 말라

너는 범사에 그를 인정하라 그리하면 네 길을 지도하시리라

_____

_____

_____

💬 하나님의 인도하심을 철저히 신뢰하고 인정해야 합니다.

9. 성령님은 우리를 어떻게 인도하십니까?

요한복음 16:13 그러나 진리의 성령이 오시면 그가 너희를 모든 진리 가운데로 인도하시리니 그가 스스로 말하지 않고 오직 들은 것을 말하며 장래 일을 너희에게 알리시리라

_____

_____

_____

💬 성령님은 하나님의 뜻을 우리에게 말씀해 주시고 미래의 소망과 비전을 알려주십니다.

10. 예수님과 우리를 무엇에 비유합니까?

요한복음 10:3-4 문지기는 그를 위하여 문을 열고 양은 그의 음성을 듣나니 그가 자기 양의 이름을 각각 불러 인도하여 내느니라 자기 양을 다 내놓은 후에 앞서 가면 양들이 그의 음성을 아는 고로 따라오되

_____

_____

_____

💬 예수님은 목자이며 우리는 그를 따라가는 양입니다. 양이 목자의 음성에 귀를 기울이듯 우리도 예수님의 음성을 듣고 따라가야 합니다.

11. 누가 하나님의 아들입니까?

로마서 8:14 무릇 하나님의 영으로 인도함을 받는 사람은 곧 하나님의 아들이라

_____

_____

_____

💬 하나님의 자녀는 예수님을 주로 영접하고 성령의 인도하심을 받는 사람입니다.

12. 하나님은 우리를 어디로 인도하십니까?

시편 23:1-3 여호와는 나의 목자시니 내게 부족함이 없으리로다 그가 나를 푸른 풀밭에 누이시며 쉴 만한 물 가로 인도하시는도다 내 영혼을 소생시키시고 자기 이름을 위하여 의의 길로 인도하시는도다

_____

_____

_____

우리를 부족함이 없게 하시며, 때때로 평안과 안식과 회복을 주시며, 의의 길로 인도하십니다.

나눔) 하나님의 인도하심에 맡겨야 할 부분은 무엇입니까?

보호하심과
평안

▶ 해설보기

하나님이 주시는 진정한 평안은 무엇인지 알아봅시다.

나눔) 내가 평안을 느낄 때는 언제입니까?

1. 하나님이 우리를 어떻게 보호하십니까?

시편 121:4,7,8 이스라엘을 지키시는 이는 졸지도 아니하시고 주무시지도 아니하시리로다

여호와께서 너를 지켜 모든 환난을 면하게 하시며 또 네 영혼을 지키시리로다

여호와께서 너의 출입을 지금부터 영원까지 지키시리로다

_____

_____

_____

_____

💬 실수가 없고 완전하신 하나님은 우리를 영원토록 항상 지켜 보호하십니다.

2. 하나님이 우리에게 명령하는 것은 무엇입니까?

이사야 41:10 두려워하지 말라 내가 너와 함께 함이라 놀라지 말라 나는 네 하나님이 됨이라 내가 너를 굳세게 하리라 참으로 너를 도와 주리라 참으로 나의 의로운 오른손으로 너를 붙들리라

💬 하나님은 우리에게 두려워하지 말고 놀라지 말라고 명령하십니다. 그만큼 하나님의 보호하심은 확실하며 그것을 신뢰하는 사람이 참된 신앙인입니다.

3. 우리가 시험과 환란을 당해도 이길 수 있는 이유가 무엇입니까?

고린도전서 10:13 사람이 감당할 시험 밖에는 너희가 당한 것이 없나니 오직 하나님은 미쁘사 너희가 감당하지 못할 시험 당함을 허락하지 아니하시고 시험 당할 즈음에 또한 피할 길을 내사 너희로 능히 감당하게 하시느니라

💬 하나님은 우리가 감당할 시험만 허락하십니다. 우리가 당하는 시험과 고난 속에서도 하나님은 반드시 피할 길을 주시며 우리가 이길 힘을 주십니다.

4. 하나님이 우리를 보호하시는 것을 무엇에 비유하고 있습니까?

마태복음 10:29-31 참새 두 마리가 한 앗사리온에 팔리지 않느냐

그러나 너희 아버지께서 허락하지 아니하시면 그 하나도 땅에 떨

어지지 아니하리라

너희에게는 머리털까지 다 세신 바 되었나니

두려워하지 말라 너희는 많은 참새보다 귀하니라

_____

_____

_____

💬 앗사리온이란 당시 로마 화폐단위이며 아주 작은 단위를 거래할 때 쓰였습니다. 하찮은 참새도 그 생사를 주관하시는 분은 하나님입니다. 작은 일도 하나님의 주관 안에 있으며 머리카락 수까지도 알고 계신 하나님이 우리를 지켜 보호하십니다.

5. 누가 우리의 짐을 져 주십니까?

시편 68:19 날마다 우리 짐을 지시는 주 곧 우리의 구원이신 하나

님을 찬송할지로다

_____

_____

_____

💬 하나님은 날마다 우리의 인생의 짐을 대신 져 주시기에 우리의 모든 짐을 주님께 맡길 수 있습니다.

6. 우리 염려를 누구에게 맡겨야 합니까?

베드로전서 5:7 너희 염려를 다 주께 맡기라 이는 그가 너희를 돌보심이라

_____

_____

_____

💬 하나님의 지켜주심을 믿고 하나님께 우리의 모든 염려를 맡길 수 있습니다.

7. 우리 짐을 주님께 맡길 때 주시는 것은 무엇입니까?

시편 55:22 네 짐을 여호와께 맡기라 그가 너를 붙드시고 의인의 요동함을 영원히 허락하지 아니하시리로다

_____

_____

_____

💬 우리의 짐과 염려를 주님께 맡길 때 견고한 신앙과 진정한 평안을 맛볼 수 있습니다.

8. 예수님이 주시는 평안은 어떤 것입니까?

요한복음 14:27 평안을 너희에게 끼치노니 곧 나의 평안을 너희에게 주노라 내가 너희에게 주는 것은 세상이 주는 것과 같지 아니하니라 너희는 마음에 근심하지도 말고 두려워하지도 말라

_____

_____

_____

💬 예수님을 믿는 자들에게는 세상에서 주는 기쁨과 비교할 수 없는 절대적인 평안함이 있습니다. 이것은 우리의 마음 상태와 관계없이 우리에게 미치는 예수님의 약속입니다. 예수님이 우리 안에 거하시면 이런 평안이 나에게 임합니다.

9. 우리 삶에서 가장 중요한 우선순위는 무엇입니까?

마태복음 6:30-34 오늘 있다가 내일 아궁이에 던져지는 들풀도 하나님이 이렇게 입히시거든 하물며 너희일까보냐 믿음이 작은 자들아

그러므로 염려하여 이르기를 무엇을 먹을까 무엇을 마실까 무엇을 입을까 하지 말라

이는 다 이방인들이 구하는 것이라 너희 하늘 아버지께서 이 모든 것이 너희에게 있어야 할 줄을 아시느니라

그런즉 너희는 먼저 그의 나라와 그의 의를 구하라 그리하면 이 모든 것을 너희에게 더하시리라

그러므로 내일 일을 위하여 염려하지 말라 내일 일은 내일이 염려할 것이요 한 날의 괴로움은 그 날로 족하니라

_____

_____

_____

💬 잘 먹고 잘사는 데 인생에 목표를 두고 살아가는 사람들이 많습니다. 하나님을 믿게 되면 우리가 먹고사는 모든 문제를 책임져 주신다고 약속하십니다. 그래서 하나님의 나라와 의를 위해서 살 수 있습니다.

10. 우리 삶 속에 이뤄지는 모든 일을 하나님께서 어떻게 바꾸어 가십니까?

로마서 8:28 우리가 알거니와 하나님을 사랑하는 자 곧 그의 뜻대로 부르심을 입은 자들에게는 모든 것이 합력하여 선을 이루느니라

_____

_____

_____

💬 하나님을 사랑하고 하나님의 부름을 받은 자들에게 일어나는 모든 일은 어떤 일이라도 결국 전화위복이 되고 하나님은 그것을 선으로 바꾸어 가십니다.

11. 우리에 대한 하나님의 사랑은 얼마나 견고합니까?

로마서 8:38-39 내가 확신하노니 사망이나 생명이나 천사들이나 권세자들이나 현재 일이나 장래 일이나 능력이나 높음이나 깊음이나 다른 어떤 피조물이라도 우리를 우리 주 그리스도 예수 안에 있는 하나님의 사랑에서 끊을 수 없으리라

_____

_____

_____

💬 세상의 그 어떤 것도 우리에 대한 주님의 사랑을 끊을 수 없습니다.

12. 하나님의 보호하심을 어떻게 비유하고 있습니까?

시편 18:2 여호와는 나의 반석이시요 나의 요새시요 나를 건지시는 이시요 나의 하나님이시요 내가 그 안에 피할 나의 바위시요 나의 방패시요 나의 구원의 뿔이시요 나의 산성이시로다

_____

_____

_____

💬 하나님의 보호를 믿는 사람은 하나님을 깊이 사랑하며 그로 인해 찬양과 기쁨이 넘치게 됩니다.

나눔) 내가 누리는 평안은 무엇입니까?

교회

▶ 해설보기

교회의 의미와 본질에 대해서 알아봅시다.

나눔) 교회는 어떤 곳이라고 생각합니까?

1. 이 땅에서 교회가 없어질 수 있습니까?

마태복음 16:18 또 내가 네게 이르노니 너는 베드로라 내가 이 반석
위에 내 교회를 세우리니 음부의 권세가 이기지 못하리라

_____

_____

_____

_____

💬 교회는 사탄의 세력이 무너뜨릴 수 없으며 영원히 지속됩니다.

2. 우리는 교회를 위해 어떻게 일해야 합니까?

사도행전 20:28 여러분은 자기를 위하여 또는 온 양 떼를 위하여 삼가라 성령이 그들 가운데 여러분을 감독자로 삼고 하나님이 자기 피로 사신 교회를 보살피게 하셨느니라

_____

_____

_____

💬 성도들과 교회 지도자들은 봉사를 통해 교회를 돌보고 보살피고 지켜나가야 합니다.

3. 교회의 머리는 누구입니까?

에베소서 1:22-23 또 만물을 그의 발 아래에 복종하게 하시고 그를 만물 위에 교회의 머리로 삼으셨느니라
교회는 그의 몸이니 만물 안에서 만물을 충만하게 하시는 이의 충만함이니라

_____

_____

💬 예수님은 교회의 머리이며 교회는 그의 몸입니다. 어떤 사람도 교회의 주인이 될 수 없으며, 예수님을 교회의 머리로 인정할 때 온전한 교회를 세울 수 있습니다.

4. 교회를 무엇으로 비유하고 있습니까?

에베소서 2:20-22 너희는 사도들과 선지자들의 터 위에 세우심을 입은 자라 그리스도 예수께서 친히 모퉁잇돌이 되셨느니라 그의 안에서 건물마다 서로 연결하여 주 안에서 성전이 되어 가고 너희도 성령 안에서 하나님이 거하실 처소가 되기 위하여 그리스도 예수 안에서 함께 지어져 가느니라

_____

_____

_____

💬 사도들과 선지자들이 교회의 터이며 예수님은 그 모퉁이돌이 되십니다.
우리는 하나님이 거하실 처소와 성전으로 함께 연결되어 지어져 가는 건물입니다.

5. 교회는 무엇이라고 말씀합니까?

디모데전서 3:15 만일 내가 지체하면 너로 하여금 하나님의 집에서 어떻게 행하여야 할지를 알게 하려 함이니 이 집은 살아 계신 하나님의 교회요 진리의 기둥과 터니라

_____

_____

_____

💬 교회는 살아계신 하나님의 집이며 진리가 세상에 선포되는 진리의 기둥과 터전입니다.

6. 하나님의 성전은 어디입니까?

고린도후서 6:16 하나님의 성전과 우상이 어찌 일치가 되리요 우리는 살아 계신 하나님의 성전이라 이와 같이 하나님께서 이르시되 내가 그들 가운데 거하며 두루 행하여 나는 그들의 하나님이 되고 그들은 나의 백성이 되리라

_____

_____

💬 신앙 공동체는 하나님이 거하시는 성전인 동시에 교회입니다.

7. 예수님께서 성도들에게 주신 직분은 어떤 것들이 있습니까? 그것들을 주신 목적은 무엇입니까?

에베소서 4:11-12 그가 어떤 사람은 사도로, 어떤 사람은 선지자로, 어떤 사람은 복음 전하는 자로, 어떤 사람은 목사와 교사로 삼으셨으니 이는 성도를 온전하게 하여 봉사의 일을 하게 하며 그리스도의 몸을 세우려 하심이라

_____

_____

_____

💬 우리는 각자 은사대로 교회와 공동체를 위해 봉사해야 합니다. 하나님이 나에게 주신 재능으로 봉사하며 직분을 감당할 때 그리스도의 몸인 교회를 온전하게 세우게 됩니다.

8. 교회에 생기는 범죄에 대해 교회는 어떻게 대처해야 합니까?

마태복음 18:15-17 네 형제가 죄를 범하거든 가서 너와 그 사람과만 상대하여 권고하라 만일 들으면 네가 네 형제를 얻은 것이요
만일 듣지 않거든 한두 사람을 데리고 가서 두세 증인의 입으로 말마다 확증하게 하라
만일 그들의 말도 듣지 않거든 교회에 말하고 교회의 말도 듣지 않거든 이방인과 세리와 같이 여기라

_____

_____

_____

💬 교회에 생기는 범죄에 대해서 교회는 간과해서는 안 되며 온유함으로 그 사람을 권면하고 회개하도록 도와야 합니다.

9. 이단들을 어떻게 대처해야 합니까?

디도서 3:10 이단에 속한 사람을 한두 번 훈계한 후에 멀리하라

_____

_____

_____

💬 이단은 훈계해도 듣지 않으면 멀리해야 합니다. 자신이 이단을 이길 수 있다고 생각하는 것은 교만한 것이며 성경은 이단을 멀리하라고 명령하고 있습니다.

10. 복음에 대해서 분쟁을 일으키는 자들을 어떻게 해야 합니까?

로마서 16:17 형제들아 내가 너희를 권하노니 너희가 배운 교훈을 거슬러 분쟁을 일으키거나 거치게 하는 자들을 살피고 그들에게서 떠나라

_____

_____

_____

💬 교회와 복음의 본질을 뒤흔들고 분쟁을 일으키는 사람들은 철저히 경계하고 멀리해야 합니다.

11. 집사의 요건은 무엇입니까?

디모데전서 3:8-13 이와 같이 집사들도 정중하고 일구이언을 하지 아니하고 술에 인박히지 아니하고 더러운 이를 탐하지 아니하고 깨끗한 양심에 믿음의 비밀을 가진 자라야 할지니

이에 이 사람들을 먼저 시험하여 보고 그 후에 책망할 것이 없으면 집사의 직분을 맡게 할 것이요

여자들도 이와 같이 정숙하고 모함하지 아니하며 절제하며 모든 일에 충성된 자라야 할지니라

집사들은 한 아내의 남편이 되어 자녀와 자기 집을 잘 다스리는 자일지니

집사의 직분을 잘한 자들은 아름다운 지위와 그리스도 예수 안에 있는 믿음에 큰 담력을 얻느니라

_____

_____

_____

💬 교회의 직분은 외적인 요건을 만족하는 사람이 아니라 하나님 앞에서 순결하고 충성스러운 자들에게 맡겨져야 합니다.

12. 교회는 무엇을 하는 곳입니까?

마가복음 11:17 이에 가르쳐 이르시되 기록된 바 내 집은 만민이
기도하는 집이라 칭함을 받으리라고 하지 아니하였느냐 너희는
강도의 소굴을 만들었도다 하시매

_____

_____

💬 교회는 그 어떤 상업적 목적으로 사용되어서는 안 되며 모든 사람이 기도하는
곳입니다. 교회에 기도가 없어진다는 것은 교회의 본질을 잃는 것입니다.

13. 교회에 비유된 남편과 아내의 의무는 무엇입니까?

에베소서 5:22-25 아내들이여 자기 남편에게 복종하기를 주께
하듯 하라
이는 남편이 아내의 머리 됨이 그리스도께서 교회의 머리 됨과
같음이니 그가 바로 몸의 구주시니라
그러므로 교회가 그리스도에게 하듯 아내들도 범사에 자기 남편
에게 복종할지니라
남편들아 아내 사랑하기를 그리스도께서 교회를 사랑하시고 그
교회를 위하여 자신을 주심 같이 하라

_____

_____

_____

💬 가장 근본이 되는 교회가 가정입니다. 가정이 건강할 때 교회도 든든히 세워집니다.

14. 천상의 교회는 어떤 모습입니까?

요한계시록 7:9,10,16,17 이 일 후에 내가 보니 각 나라와 족속과 백성과 방언에서 아무도 능히 셀 수 없는 큰 무리가 나와 흰 옷을 입고 손에 종려 가지를 들고 보좌 앞과 어린 양 앞에 서서
큰 소리로 외쳐 이르되 구원하심이 보좌에 앉으신 우리 하나님과 어린 양에게 있도다 하니
그들이 다시는 주리지도 아니하며 목마르지도 아니하고 해나 아무 뜨거운 기운에 상하지도 아니하리니
이는 보좌 가운데에 계신 어린 양이 그들의 목자가 되사 생명수 샘으로 인도하시고 하나님께서 그들의 눈에서 모든 눈물을 씻어 주실 것임이라

_____

_____

_____

💬 온 땅의 구원받은 모든 민족과 백성들이 모여서 예배하며 하나님과 영원히 살 것입니다.

나눔) 내가 꿈꾸는 교회는 어떤 모습입니까?

PART
19

공동체

▶ 해설보기

참된 믿음의 공동체는 어떤 것인지 알아봅시다.

나눔) 내가 공동체에서 가장 중요하게 생각하는 것은 무엇입니까?

1. 믿음의 공동체의 모습을 무엇에 비유하고 있습니까?

로마서 12:4-5 우리가 한 몸에 많은 지체를 가졌으나 모든 지체가
같은 기능을 가진 것이 아니니
이와 같이 우리 많은 사람이 그리스도 안에서 한 몸이 되어 서로
지체가 되었느니라

_____

_____

_____

_____

💬 우리는 한 몸을 이루는 각 지체입니다. 지체가 몸에서 떨어질 수 없듯이
그리스도의 공동체는 한 몸입니다.

2. 우리는 왜 한 가족이 됩니까?

고린도전서 10:16-17 우리가 축복하는 바 축복의 잔은 그리스도의
피에 참여함이 아니며 우리가 떼는 떡은 그리스도의 몸에 참여함
이 아니냐
떡이 하나요 많은 우리가 한 몸이니 이는 우리가 다 한 떡에 참여
함이라

_____

_____

_____

💬 예수님의 살과 피를 함께 나누고 새 생명을 얻었기 때문에 우리는 한 몸이며 한
가족입니다.

3. 공동체의 의무는 무엇입니까?

에베소서 4:3 평안의 매는 줄로 성령이 하나 되게 하신 것을 힘써
지키라

_____

_____

_____

💬 서로 분열되지 않고 하나가 되도록 노력해야 합니다.

4. 공동체에서 죄를 범한 자들을 보고 어떻게 해야 합니까?

갈라디아서 6:1 형제들아 사람이 만일 무슨 범죄한 일이 드러나거든 신령한 너희는 온유한 심령으로 그러한 자를 바로잡고 너 자신을 살펴보아 너도 시험을 받을까 두려워하라

온유한 마음으로 그 사람을 권면하고 자신도 그런 죄에 빠지지 않도록 돌아봐야 합니다.

5. 공동체에서 다른 사람을 대할 때 어떤 태도를 보여야 합니까?

빌립보서 2:2-4 마음을 같이하여 같은 사랑을 가지고 뜻을 합하며 한마음을 품어

아무 일에든지 다툼이나 허영으로 하지 말고 오직 겸손한 마음으로 각각 자기보다 남을 낫게 여기고

각각 자기 일을 돌볼뿐더러 또한 각각 다른 사람들의 일을 돌보아 나의 기쁨을 충만하게 하라

나의 죄를 깨끗하게 하신 하나님의 은혜를 아는 사람은 하나님과 사람 앞에서 겸손과 낮은 마음을 갖게 되며 서로 돌보고 섬기는 공동체가 될 수 있습니다.

6. 우리의 가족은 누구입니까?

마태복음 12:50 누구든지 하늘에 계신 내 아버지의 뜻대로 하는
자가 내 형제요 자매요 어머니이니라 하시더라

_____

_____

_____

주님의 뜻대로 행하는 자가 곧 우리의 가족이며 형제자매라 부를 수 있습니다.

7. 주님 보시기에 아름다운 공동체의 모습은 어떤 것입니까?

시편 133:1 보라 형제가 연합하여 동거함이 어찌 그리 선하고
아름다운고

_____

_____

_____

형제자매가 서로 사랑으로 연합하고 함께 하는 것이 진정한 믿음의 공동체
입니다.

8. 공동체에서 각 사람에게 어떻게 대해야 합니까?

디모데전서 5:1-2 늙은이를 꾸짖지 말고 권하되 아버지에게 하듯 하며 젊은이에게는 형제에게 하듯 하고

늙은 여자에게는 어머니에게 하듯 하며 젊은 여자에게는 온전히 깨끗함으로 자매에게 하듯 하라

_____

_____

_____

💬 믿음의 공동체가 되면 가족의 사랑으로 서로를 대해야 합니다.

9. 믿음의 공동체는 서로 어떻게 도와야 합니까?

사도행전 4:32 믿는 무리가 한마음과 한 뜻이 되어 모든 물건을 서로 통용하고 자기 재물을 조금이라도 자기 것이라 하는 이가 하나도 없더라

_____

_____

_____

💬 다른 사람의 필요를 따라 나누고 도와야 합니다.

10. 믿음의 공동체에서 해야 할 일들은 무엇입니까?

사도행전 2:42,46,47 그들이 사도의 가르침을 받아 서로 교제하고 떡을 떼며 오로지 기도하기를 힘쓰니라
날마다 마음을 같이하여 성전에 모이기를 힘쓰고 집에서 떡을 떼며 기쁨과 순전한 마음으로 음식을 먹고
하나님을 찬미하며 또 온 백성에게 칭송을 받으니 주께서 구원 받는 사람을 날마다 더하게 하시니라

_____

_____

💬 교회와 가정에서 모여 기쁘게 서로 교제하고 말씀과 기도에 힘써야 합니다. 그럴 때 하나님은 부흥의 축복을 주십니다.

11. 교회 공동체에서 더욱 힘써야 하는 것은 무엇입니까?

히브리서 10:24-25 서로 돌아보아 사랑과 선행을 격려하며 모이기를 폐하는 어떤 사람들의 습관과 같이 하지 말고 오직 권하여 그 날이 가까움을 볼수록 더욱 그리하자

_____

_____

💬 점점 개인주의가 만연해 있는 시대에 하나님의 공동체는 더욱 모이기를 힘써야 하며 사랑의 공동체로 거듭나야 합니다.

나눔) 내가 바라는 믿음의 공동체는 어떤 것인지 나누어 봅시다.

4

섬김의 삶

다른 사람을 사랑하며 섬기는
복음의 리더로 거듭나기

그러므로 너희는 가서 모든 민족을 제자로 삼아

아버지와 아들과 성령의 이름으로 세례를 베풀고

내가 너희에게 분부한 모든 것을 가르쳐 지키게 하라 볼지어다

내가 세상 끝날까지 너희와 항상 함께 있으리라 하시니라

_마태복음 28:19-20

PART
20

제자도

▶ 해설보기

믿음의 스승과 제자의 관계에 대해서 알아봅시다.

나눔) 내가 만난 좋은 스승은 누구입니까?

1. 온전한 그리스도인을 세우기 위해서 해야 할 일은 무엇입니까?

골로새서 1:28 우리가 그를 전파하여 각 사람을 권하고 모든 지혜로 각 사람을 가르침은 각 사람을 그리스도 안에서 완전한 자로 세우려 함이니

_____

_____

_____

_____

💬 예수님을 전파하고 모든 지혜로 권하고 가르쳐야 합니다.

2. 하나님의 말씀이 강력히 퍼질 때 나타나는 결과는 무엇입니까?

사도행전 6:7 하나님의 말씀이 점점 왕성하여 예루살렘에 있는
제자의 수가 더 심히 많아지고 허다한 제사장의 무리도 이 도에
복종하니라

_____

_____

💬 많은 사람에게 복음이 전해지고 믿음의 제자들이 많아집니다.

3. 제자들을 양육할 때 어떤 태도로 해야 합니까?

베드로전서 5:2-3 너희 중에 있는 하나님의 양 무리를 치되 억지로
하지 말고 하나님의 뜻을 따라 자원함으로 하며 더러운 이득을 위
하여 하지 말고 기꺼이 하며
맡은 자들에게 주장하는 자세를 하지 말고 양 무리의 본이 되라

_____

_____

_____

💬 가장 좋은 가르침은 말로만이 아닌 제자들과 함께하고 삶의 본이 되는 것
입니다.

4. 어떤 자세로 제자들을 양육해야 합니까?

잠언 27:23 네 양 떼의 형편을 부지런히 살피며 네 소 떼에게 마음을 두라

_____

_____

💬 가르치는 양 떼의 상황을 늘 살피며 그들과 삶으로 함께 하는 것입니다.

5. 스승과 제자 간의 관계는 어떠해야 합니까?

갈라디아서 6:6 가르침을 받는 자는 말씀을 가르치는 자와 모든 좋은 것을 함께 하라

_____

_____

_____

💬 스승과 제자는 가르치고 배우는 것으로 끝나는 것이 아니라 삶의 교제와 나눔이 있어야 합니다.

6. 구약의 대표적인 스승과 제자는 누구입니까?

열왕기상 19:21 엘리사가 그를 떠나 돌아가서 한 겨릿소를 가져다
가 잡고 소의 기구를 불살라 그 고기를 삶아 백성에게 주어 먹게
하고 일어나 엘리야를 따르며 수종 들었더라

_____

_____

_____

💬 선지자 엘리사는 스승 엘리야를 따라 모든 것을 함께 나누고 배우는 제자였
습니다. 엘리야가 죽은 후에 그의 뒤를 잇는 후계자가 됩니다.

7. 예수님이 열두 제자를 세우신 이유는 무엇입니까?

마가복음 3:14-15 이에 열둘을 세우셨으니 이는 자기와 함께 있게
하시고 또 보내사 전도도 하며
귀신을 내쫓는 권능도 가지게 하려 하심이러라

_____

_____

_____

💬 예수님과 함께 하는 것이 첫 번째 목적입니다. 어떤 사역을 하기 전에 주님과
함께 교제하는 것이 먼저입니다. 예수님의 제자가 되면 그분과 교제할 수
있고 복음을 전하고 사탄의 권세를 멸하는 권세를 받게 됩니다.

8. 제자로서 해야 할 일들은 무엇입니까?

디모데전서 4:13,15 내가 이를 때까지 읽는 것과 권하는 것과 가르치는 것에 전념하라

이 모든 일에 전심 전력하여 너의 성숙함을 모든 사람에게 나타나게 하라

_____

_____

_____

💬 사도바울은 디모데에게 말씀을 읽고, 권하고, 가르칠 것을 명령합니다. 이것은 제자도의 가장 중요한 것들입니다.

9. 말씀을 가르치는 것은 누가 할 수 있습니까?

디모데후서 2:2 또 네가 많은 증인 앞에서 내게 들은 바를 충성된 사람들에게 부탁하라 그들이 또 다른 사람들을 가르칠 수 있으리라

_____

_____

_____

💬 말씀을 가르치는 일은 우리가 모두 받은 사명입니다. 말씀으로 변화를 받고 다른 사람을 말씀으로 가르치는 일에 모두가 헌신해야 합니다.

10. 내가 예수님의 제자인 것을 어떻게 알 수 있습니까?

요한복음 13:34-35 새 계명을 너희에게 주노니 서로 사랑하라 내가 너희를 사랑한 것 같이 너희도 서로 사랑하라

너희가 서로 사랑하면 이로써 모든 사람이 너희가 내 제자인 줄 알리라

_____

_____

_____

💬 예수님이 우리에게 베풀어주신 사랑으로 다른 사람을 사랑할 때 제자 됨을 확신하게 됩니다. 제자에게 해 줄 수 있는 가장 큰 것은 사랑입니다.

11. 예수님의 제자가 되기 위해서 갖추어야 할 것은 무엇입니까?

마태복음 16:24 이에 예수께서 제자들에게 이르시되 누구든지 나를 따라오려거든 자기를 부인하고 자기 십자가를 지고 나를 따를 것이니라

_____

_____

_____

💬 예수님은 십자가의 고난으로 우리를 의롭게 하셨습니다. 나를 부인하고 날마다 예수님을 따라가는 것이 참된 제자의 삶입니다. 그것은 우리에게 고역과 억압이 아닌 참 평안과 기쁨의 길입니다.

12. 주님을 사랑하는 자들에게 명령하신 것은 무엇입니까?

요한복음 21:15 그들이 조반 먹은 후에 예수께서 시몬 베드로에게 이르시되 요한의 아들 시몬아 네가 이 사람들보다 나를 더 사랑하느냐 하시니 이르되 주님 그러하나이다 내가 주님을 사랑하는 줄 주님께서 아시나이다 이르시되 내 어린 양을 먹이라 하시고

_____

_____

_____

💬 예수님은 제자 베드로에게 사랑을 확인하고 예수님의 양 떼를 먹이고 보살필 것을 명령하십니다. 많은 사람을 제자로 삼고 그들을 양육하는 것만큼 귀한 일은 없습니다.

나눔) 내가 제자 삼고 싶은 사람은 누구입니까?

PART 21

순종과 행함

▶ 해설보기

믿음과 행함의 관계를 살펴보고 행함이 중요한 이유를 알아봅시다.

나눔) 신앙생활에 있어서 행하지 못하는 부분은 어떤 것입니까?

1. 아브라함이 첫 번째로 하나님께 순종한 것은 무엇입니까?

히브리서 11:8 믿음으로 아브라함은 부르심을 받았을 때에 순종하여 장래의 유업으로 받을 땅에 나아갈새 갈 바를 알지 못하고 나아갔으며

_____

_____

_____

_____

하나님은 아브라함에게 고향을 떠나 하나님이 지시하신 땅으로 갈 것을 명령했습니다. 아브라함은 하나님의 약속과 명령을 믿고 신뢰했기 때문에 순종할 수 있었습니다.

2. 가나안 땅을 정탐하기 위해서 열 두 정탐꾼을 보냅니다. 그중에 여호수아와 갈렙만이 그 땅에 들어가게 되는데 그 이유는 무엇입니까?

신명기 1:36,38 오직 여분네의 아들 갈렙은 온전히 여호와께 순종 하였은즉 그는 그것을 볼 것이요 그가 밟은 땅을 내가 그와 그의 자손에게 주리라 하시고
네 앞에 서 있는 눈의 아들 여호수아는 그리로 들어갈 것이니 너는 그를 담대하게 하라 그가 이스라엘에게 그 땅을 기업으로 차지하 게 하리라

💬 여호수아와 갈렙 외에 나머지 10명의 정탐꾼은 두려움에 사로잡혀 가나안 땅에 들어가지 못할 것이라고 보고했습니다. 약속의 땅을 정복하는 것도 믿음과 순종이 있을 때 가능합니다. 여호수아와 갈렙은 하나님께 온전히 순종했고 그 땅을 기업으로 받을 수 있었습니다.

3. 어떤 사람이 복을 받습니까?

야고보서 1:25 자유롭게 하는 온전한 율법을 들여다보고 있는 자는 듣고 잊어버리는 자가 아니요 실천하는 자니 이 사람은 그 행하는 일에 복을 받으리라

_____

_____

💬 하나님의 말씀과 명령을 듣고 믿기만 하는 자가 아니라 행하고 실천하고 순종하는 자에게 복이 임합니다. 하나님의 약속은 실천했을 때 이뤄지기 때문입니다.

4. 하나님의 말씀을 행하는 자와 듣고 행하지 않는 자는 각각 어떻게 되나요?

마태복음 7:24-27 그러므로 누구든지 나의 이 말을 듣고 행하는 자는 그 집을 반석 위에 지은 지혜로운 사람 같으리니
비가 내리고 창수가 나고 바람이 불어 그 집에 부딪치되 무너지지 아니하나니 이는 주추를 반석 위에 놓은 까닭이요
나의 이 말을 듣고 행하지 아니하는 자는 그 집을 모래 위에 지은 어리석은 사람 같으리니
비가 내리고 창수가 나고 바람이 불어 그 집에 부딪치매 무너져 그 무너짐이 심하니라

_____

_____

💬 고난과 역경이 왔을 때 우리의 믿음이 검증됩니다. 순종하고 행하는 자는 어려움이 와도 능히 이겨낼 수 있습니다. 그러나 믿기만 하고 행하지 않는 자는 진실한 믿음의 소유자가 아니며 어려움과 고난이 오면 곧 무너지고 맙니다.

5. 예배와 예물보다 하나님이 중요하게 생각하시는 것은 무엇입니까?

사무엘상 15:22 사무엘이 이르되 여호와께서 번제와 다른 제사를 그의 목소리를 청종하는 것을 좋아하심 같이 좋아하시겠나이까 순종이 제사보다 낫고 듣는 것이 숫양의 기름보다 나으니

_____

_____

_____

아무리 좋은 말씀으로 은혜를 받아도 행하지 않는 것은 하나님이 기뻐하시는 삶이 아닙니다. 주님의 명령을 행하는 것이 가장 귀한 예물이며 예배입니다.

6. 예수님은 십자가의 죽음 앞에서 어떻게 기도했습니까?

마태복음 26:39 조금 나아가사 얼굴을 땅에 대시고 엎드려 기도하여 이르시되 내 아버지여 만일 할 만하시거든 이 잔을 내게서 지나가게 하옵소서 그러나 나의 원대로 마시옵고 아버지의 원대로 하옵소서 하시고

_____

_____

_____

자기 뜻이 아니라 하나님의 뜻대로 순종하기를 기도했으며 십자가를 지셨습니다. 우리도 하나님의 뜻이 이뤄지게 해달라고 기도하며 순종해야 합니다.

7. 부모에게 순종하면 어떤 축복이 있습니까?

에베소서 6:1-3 자녀들아 주 안에서 너희 부모에게 순종하라 이것이 옳으니라
네 아버지와 어머니를 공경하라 이것은 약속이 있는 첫 계명이니
이로써 네가 잘되고 땅에서 장수하리라

_____

_____

_____

💬 이 명령은 십계명 중에서 이 땅에서 잘되고 장수하게 되리라는 약속의 계명입니다. 부모에 대한 순종은 하나님의 명령인 동시에 축복의 계명입니다.

8. 나에게 말씀을 가르치고 양육하는 사람들을 어떻게 대해야 하나요?

히브리서 13:17 너희를 인도하는 자들에게 순종하고 복종하라 그들은 너희 영혼을 위하여 경성하기를 자신들이 청산할 자인 것 같이 하느니라 그들로 하여금 즐거움으로 이것을 하게 하고 근심으로 하게 하지 말라 그렇지 않으면 너희에게 유익이 없느니라

_____

_____

_____

💬 영적인 지도자와 스승에게 순종해야 나에게 유익이 됩니다. 영적인 스승들은 말씀을 가르치는 일에 자기 일처럼 헌신하기 때문입니다.

9. 행함이 중요한 이유는 무엇입니까?

요한복음 14:21 나의 계명을 지키는 자라야 나를 사랑하는 자니 나를 사랑하는 자는 내 아버지께 사랑을 받을 것이요 나도 그를 사랑하여 그에게 나를 나타내리라

_____

_____

_____

💬 하나님을 믿기만 하고 그의 명령을 행하지 않는 믿음은 헛된 믿음입니다. 하나님의 명령을 지키면 하나님의 사랑이 내 속에 더욱 풍성히 거하며 하나님의 능력이 나를 통해 드러나게 됩니다.

10. 하나님을 사랑하는 방법은 무엇입니까?

요한1서 5:3 하나님을 사랑하는 것은 이것이니 우리가 그의 계명들을 지키는 것이라 그의 계명들은 무거운 것이 아니로다

_____

_____

_____

💬 하나님의 명령을 행하는 것이 하나님을 사랑하는 것이며 그것은 우리가 지키지 못할 만큼 어려운 것이 아니라 오히려 자유와 평안을 줍니다.

11. 우리가 행할 힘과 능력은 어디에서 옵니까?

빌립보서 4:13 내게 능력 주시는 자 안에서 내가 모든 것을 할 수 있느니라

_____

_____

_____

💬 하나님은 우리가 하는 일에 대해 그것을 감당할 힘과 능력을 공급해 주십니다. 그리스도인은 하나님과의 신뢰와 믿음을 통해 어떤 상황에서도 만족하고 승리할 수 있습니다.

나눔) 내가 더욱 행해야 할 부분은 무엇입니까?

사랑과 섬김

▶ 해설보기

하나님의 제일 큰 명령인 사랑과 섬김에 대해서 알아봅시다.

나눔) 내가 가장 사랑하는 사람은 누구입니까?

1. 예수님이 주신 가장 큰 계명은 무엇입니까?

마가복음 12:30-31 네 마음을 다하고 목숨을 다하고 뜻을 다하고
힘을 다하여 주 너의 하나님을 사랑하라 하신 것이요
둘째는 이것이니 네 이웃을 네 자신과 같이 사랑하라 하신 것이라
이보다 더 큰 계명이 없느니라

_____

_____

_____

_____

💬 하나님을 사랑하고 이웃을 사랑하는 것보다 큰 계명이 없습니다.

2. 가장 나약한 이를 대하는 것은 누구를 대함과 같습니까?

마태복음 25:40 임금이 대답하여 이르시되 내가 진실로 너희에게
이르노니 너희가 여기 내 형제 중에 지극히 작은 자 하나에게 한
것이 곧 내게 한 것이니라 하시고

_____

_____

_____

💬 예수님은 가장 미약한 자를 자신과 동일시하시면서, 이웃을 사랑하는 것이
가장 큰 주님의 명령이며 예수님을 가장 기쁘게 하시는 일임을 말씀하십니다.

3. 사랑의 특성은 무엇입니까?

고린도전서 13:4-7 사랑은 오래 참고 사랑은 온유하며 시기하지 아
니하며 사랑은 자랑하지 아니하며 교만하지 아니하며
무례히 행하지 아니하며 자기의 유익을 구하지 아니하며 성내지
아니하며 악한 것을 생각하지 아니하며
불의를 기뻐하지 아니하며 진리와 함께 기뻐하고
모든 것을 참으며 모든 것을 믿으며 모든 것을 바라며 모든 것을
견디느니라

_____

_____

_____

💬 사랑은 도덕적인 의무로 지켜지는 것이 아니라 성령의 참다운 열매로 나타나는 것입니다.

4. 어떻게 해야 온전한 사랑을 할 수 있습니까?

요한1서 4:18 사랑 안에 두려움이 없고 온전한 사랑이 두려움을 내쫓나니 두려움에는 형벌이 있음이라 두려워하는 자는 사랑 안에서 온전히 이루지 못하였느니라

💬 하나님과 이웃을 사랑하는 것만이 세상과 심판에 대한 두려움들을 이길 수 있습니다. 사랑이 없는 자는 두려움 속에서 벗어나지 못합니다.

5. 사랑의 근원은 어디에서 옵니까?

요한1서 4:7-8 사랑하는 자들아 우리가 서로 사랑하자 사랑은 하나님께 속한 것이니 사랑하는 자마다 하나님으로부터 나서 하나님을 알고
사랑하지 아니하는 자는 하나님을 알지 못하나니 이는 하나님은 사랑이심이라

💬 모든 사랑의 근원은 하나님에게서 오기 때문에 하나님을 알지 못하면 참된 사랑을 알 수 없습니다. 하나님을 온전히 아는 것만이 다른 사람을 사랑할 수 있는 길입니다.

6. 왜 하나님을 사랑하는 사람이 형제도 사랑하게 됩니까?

요한1서 4:20-21 누구든지 하나님을 사랑하노라 하고 그 형제를 미워하면 이는 거짓말하는 자니 보는 바 그 형제를 사랑하지 아니하는 자는 보지 못하는 바 하나님을 사랑할 수 없느니라
우리가 이 계명을 주께 받았나니 하나님을 사랑하는 자는 또한 그 형제를 사랑할지니라

_____

_____

_____

💬 나를 위해 구원의 은혜를 베푸신 하나님을 사랑하게 되면 그의 명령인 이웃사랑을 실천하게 됩니다. 하나님의 참되신 사랑을 깨닫는 것이 이웃사랑의 시작입니다.

7. 믿는 자들은 언어를 어떻게 사용해야 합니까?

에베소서 4:29 무릇 더러운 말은 너희 입 밖에도 내지 말고 오직 덕을 세우는 데 소용되는 대로 선한 말을 하여 듣는 자들에게 은혜를 끼치게 하라

_____

_____

_____

💬 언어와 신앙은 별개가 아닙니다. 아무리 말씀에 은혜를 받고 기도를 많이 해도 언어생활이 은혜롭지 못하면 그 신앙은 성장하지 않습니다. 거룩한 신앙인은 언어도 거룩해집니다.

8. 누가 하나님 나라에서 높은 사람입니까?

마가복음 10:43-45 너희 중에는 그렇지 않을지니 너희 중에 누구든지 크고자 하는 자는 너희를 섬기는 자가 되고

너희 중에 누구든지 으뜸이 되고자 하는 자는 모든 사람의 종이 되어야 하리라

인자가 온 것은 섬김을 받으려 함이 아니라 도리어 섬기려 하고 자기 목숨을 많은 사람의 대속물로 주려 함이니라

_____

_____

_____

낮은 마음으로 남을 섬기고 사랑하는 사람이 하나님 나라에서 가장 크고 높은 사람입니다.

9. 하나님이 주시는 네 가지 명령은 무엇입니까?
그 명령을 지킬 때 어떤 결과가 있습니까?

누가복음 6:37-38 비판하지 말라 그리하면 너희가 비판을 받지 않을 것이요 정죄하지 말라 그리하면 너희가 정죄를 받지 않을 것이요 용서하라 그리하면 너희가 용서를 받을 것이요
주라 그리하면 너희에게 줄 것이니 곧 후히 되어 누르고 흔들어 넘치도록 하여 너희에게 안겨 주리라 너희가 헤아리는 그 헤아림으로 너희도 헤아림을 도로 받을 것이니라

_____

_____

_____

내가 죄인이라고 고백하는 사람은 남의 죄에 대해 비판하거나 정죄하지 않습니다. 또한, 나의 죄를 하나님께 용서받았기 때문에 남도 용서할 수 있습니다. 남에게 베풀고 나눌 때 하나님은 우리에게 더욱 풍성한 것들로 채워주십니다.

10. 성경은 경건을 무엇이라고 말씀합니까?

야고보서 1:27 하나님 아버지 앞에서 정결하고 더러움이 없는 경건은 곧 고아와 과부를 그 환난중에 돌보고 또 자기를 지켜 세속에 물들지 아니하는 그것이니라

_____

_____

_____

💬 진정한 경건이란 자기 자신에게만 국한된 것이 아니라 어려운 이웃에게 관심을 두고 그들을 섬기고 돕는 데까지 나아가는 것입니다.

11. 구제하는 사람은 어떤 축복을 받습니까?

잠언 11:25 구제를 좋아하는 자는 풍족하여질 것이요 남을 윤택하게 하는 자는 자기도 윤택하여지리라

_____

_____

_____

💬 어려운 이웃을 돕는 것은 희생으로 끝나는 것이 아니라 하나님이 그를 더욱 풍성하게 하십니다.

12. 하나님이 우리에게 주신 최고의 명령은 무엇입니까?

마태복음 7:12 그러므로 무엇이든지 남에게 대접을 받고자 하는 대로 너희도 남을 대접하라 이것이 율법이요 선지자니라

_____

_____

_____

💬 내 이웃을 내 몸과 같이 사랑하는 것이 하나님이 주신 모든 명령을 지키는 최고의 방법입니다.

나눔) 내가 사랑하고 섬겨야 할 대상은 누구입니까?

PART
23

영적 전투

해설보기

그리스도인이 이 세상을 살아가는 동안 싸워야 하는 것은 무엇인지 알아
봅시다.

나눔) 내가 세상에서 가장 치열하게 싸우는 것은 무엇입니까?

1. 우리 속에 서로 대적하는 두 가지는 무엇입니까?

갈라디아서 5:16-17 내가 이르노니 너희는 성령을 따라 행하라 그
리하면 육체의 욕심을 이루지 아니하리라
육체의 소욕은 성령을 거스르고 성령은 육체를 거스르나니 이 둘이
서로 대적함으로 너희가 원하는 것을 하지 못하게 하려 함이니라

_____

_____

_____

_____

💬 예수님을 믿는 자는 육체의 욕심과 성령님의 인도하심이 서로 대적하게 됩니다.
육체의 욕망인 죄를 이기는 길은 성령의 인도함을 받는 것입니다.

178　유튜브로 배우는 주제별 성경24

2. 우리의 영혼을 대적해 싸우는 것은 무엇입니까?

베드로전서 2:11 사랑하는 자들아 거류민과 나그네 같은 너희를 권하
노니 영혼을 거슬러 싸우는 육체의 정욕을 제어하라

💬 육체의 정욕이란 육신으로 인해서 죄를 짓게 만드는 악한 생각입니다.
육신의 쾌락보다 하나님이 주시는 기쁨과 평안이 우리가 추구할 바입니다.

3. 우리가 싸우는 대상은 무엇입니까?
싸움을 위해서 무엇을 갖추어야 합니까?

에베소서 6:12-17 우리의 씨름은 혈과 육을 상대하는 것이 아니요 통
치자들과 권세들과 이 어둠의 세상 주관자들과 하늘에 있는 악의 영
들을 상대함이라
그러므로 하나님의 전신 갑주를 취하라 이는 악한 날에 너희가 능히
대적하고 모든 일을 행한 후에 서기 위함이라
그런즉 서서 진리로 너희 허리 띠를 띠고 의의 호심경을 붙이고
평안의 복음이 준비한 것으로 신을 신고
모든 것 위에 믿음의 방패를 가지고 이로써 능히 악한 자의 모든 불
화살을 소멸하고
구원의 투구와 성령의 검 곧 하나님의 말씀을 가지라

💬 우리가 싸우는 것은 사람이 아니라 이 세상의 권세를 잡고 있는 사단의 세력
입니다. 말씀과 기도와 믿음의 무기들을 가지고 그것들을 이겨야 합니다.

4. 그리스도인은 왜 자기 생활에 얽매어서는 안 됩니까?

디모데후서 2:3-4 너는 그리스도 예수의 좋은 병사로 나와 함께 고난을 받으라

병사로 복무하는 자는 자기 생활에 얽매이는 자가 하나도 없나니 이는 병사로 모집한 자를 기쁘게 하려 함이라

_____

_____

💬 그리스도인은 죽음의 세력인 사단과 대항해 싸우는 군사입니다. 군 복무를 하는 사람은 사사로운 자기 생활에 얽매일 수 없으며 영적 사령관인 하나님을 기쁘게 하도록 믿음의 선한 싸움을 싸워야 합니다.

5. 그리스도인은 왜 절제하는 삶을 살아야 합니까?

고린도전서 9:24-25 운동장에서 달음질하는 자들이 다 달릴지라도 오직 상을 받는 사람은 한 사람인 줄을 너희가 알지 못하느냐 너희도 상을 받도록 이와 같이 달음질하라

이기기를 다투는 자마다 모든 일에 절제하나니 그들은 썩을 승리자의 관을 얻고자 하되 우리는 썩지 아니할 것을 얻고자 하노라

_____

_____

💬 운동선수가 승리를 위해서 절제하는 것처럼 우리는 복음을 위해서 믿음의 경주를 하는 사람들입니다. 하나님 나라에 대한 복음의 사명을 받은 사람은 영적 싸움의 승리를 위해서 절제하는 삶을 살아갑니다.

6. 마귀를 대적하기 위해서 어떻게 해야 합니까?

베드로전서 5:8-9 근신하라 깨어라 너희 대적 마귀가 우는 사자 같

이 두루 다니며 삼킬 자를 찾나니

너희는 믿음을 굳건하게 하여 그를 대적하라 이는 세상에 있는 너희

형제들도 동일한 고난을 당하는 줄을 앎이라

_____

_____

_____

💬 마귀는 하나님을 배신하고 타락한 악한 세력들이며 연약한 자를 항상 넘어뜨
리려 합니다. 믿음의 사람은 늘 깨어서 기도하고 마귀를 대적해야 합니다.

7. 이 악한 때에 우리가 해야 할 것은 무엇입니까?

에베소서 5:16-18 세월을 아끼라 때가 악하니라

그러므로 어리석은 자가 되지 말고 오직 주의 뜻이 무엇인가 이해하라

술 취하지 말라 이는 방탕한 것이니 오직 성령으로 충만함을 받으라

_____

_____

_____

💬 예수님께서는 이 시대를 악하고 음란한 세대라고 말씀하셨습니다. 이같은 때
에 말씀을 통해 주님의 뜻을 분별하고 시간을 아끼고, 성령의 능력으로 세상
에서 승리해야 합니다.

8. 우리가 포기하지 말아야 할 이유가 무엇입니까?

갈라디아서 6:9 우리가 선을 행하되 낙심하지 말지니 포기하지 아니하면 때가 이르매 거두리라

_____

_____

_____

💬 선을 행하면 하나님이 정하신 때에 반드시 열매를 거두게 됩니다. 그러므로 우리는 항상 믿음을 가지고 끝까지 하나님의 선한 일을 할 수 있습니다.

9. 영적 전쟁에서 이기고 지는 것은 누구에게 달려 있습니까?

사무엘상 17:47 또 여호와의 구원하심이 칼과 창에 있지 아니함을 이 무리에게 알게 하리라 전쟁은 여호와께 속한 것인즉 그가 너희를 우리 손에 넘기시리라

_____

_____

_____

💬 마귀와의 싸움에서 승리의 관건은 하나님께 달려 있습니다. 신실하신 하나님을 의지하고 믿음으로 싸울 때 우리는 반드시 승리할 것입니다.

10. 마귀와의 전쟁에서 궁극적 승리는 누구에게 있습니까?

요한계시록 17:14 그들이 어린 양과 더불어 싸우려니와 어린 양은 만주의 주시요 만왕의 왕이시므로 그들을 이기실 터이요 또 그와 함께 있는 자들 곧 부르심을 받고 택하심을 받은 진실한 자들도 이기리로다

_____

_____

_____

💬 만유의 왕이신 어린양 예수님은 마지막 심판 때에 사탄 마귀의 세력들을 영원한 형벌로 다스릴 것입니다. 예수님과 함께하는 진실한 자들도 이 땅에서 승리할 것입니다.

11. 세상을 이기는 힘은 무엇입니까?

요한1서 5:4 무릇 하나님께로부터 난 자마다 세상을 이기느니라 세상을 이기는 승리는 이것이니 우리의 믿음이니라

_____

_____

_____

💬 우리를 위해서 싸우시고 영적 전쟁에서 승리를 주시는 하나님을 신뢰하는 믿음만이 승리의 비결입니다.

나눔) 내가 영적으로 싸우는 것은 무엇인지 나누어 봅시다.

전도와
선교

▶ 해설보기

예수님의 지상 대명령인 전도와 선교에 대해서 알아봅시다.

나눔) 나는 누가 전도했습니까?

1. 예수님이 이 땅에 오신 목적은 무엇입니까?

마가복음 1:38-39 이르시되 우리가 다른 가까운 마을들로 가자 거기서도 전도하리니 내가 이를 위하여 왔노라 하시고
이에 온 갈릴리에 다니시며 그들의 여러 회당에서 전도하시고 또 귀신들을 내쫓으시더라

_____

_____

_____

_____

💬 예수님은 복음을 전하는 분명한 목적을 가지고 이 땅에 오셨습니다.
전도는 우리의 사역에도 가장 중요한 목표가 되어야 합니다.

2. 말씀을 전하는 것 외에 또 다른 전도는 무엇입니까?

마태복음 5:16 이같이 너희 빛이 사람 앞에 비치게 하여 그들로 너희
착한 행실을 보고 하늘에 계신 너희 아버지께 영광을 돌리게 하라

💬 말씀을 전하고 교회에 초대하는 것만이 전도가 아닙니다. 성경에서는 우리의
선한 행실로 다른 사람에게 본이 되어 세상 사람들로 하나님을 알게 하라고
말씀합니다. 세상에서 선을 행하는 것도 우리가 해야 할 전도입니다.

3. 예수님의 증인이 하는 일은 무엇입니까?

사도행전 4:19-20 베드로와 요한이 대답하여 이르되 하나님 앞에서
너희의 말을 듣는 것이 하나님의 말씀을 듣는 것보다 옳은가 판단하라
우리는 보고 들은 것을 말하지 아니할 수 없다 하니

💬 증인은 사실을 보고 들은 대로 말하는 사람입니다. 예수님을 알게 되고 경험
한 사람은 그것을 증언하지 않을 수 없습니다. 예수님을 증거하는 것이 전도
입니다.

4. 전도해서 한 사람이 믿게 되면 어떤 일이 일어납니까?

야고보서 5:19-20 내 형제들아 너희 중에 미혹되어 진리를 떠난 자를
누가 돌아서게 하면
너희가 알 것은 죄인을 미혹된 길에서 돌아서게 하는 자가 그의 영
혼을 사망에서 구원할 것이며 허다한 죄를 덮을 것임이라

_____

_____

_____

💬 전도는 한 사람을 죄에 대한 영원 형벌에서 구원하며 모든 죄를 용서받게
하는 놀라운 능력이 있습니다.

5. 전도는 어떤 태도로 해야 합니까?

베드로전서 3:15 너희 마음에 그리스도를 주로 삼아 거룩하게 하고
너희 속에 있는 소망에 관한 이유를 묻는 자에게는 대답할 것을 항
상 준비하되 온유와 두려움으로 하고

_____

_____

_____

💬 하나님을 소개하고 전할 수 있도록 항상 준비해야 하며, 비방이나 경솔함이
아닌 온유한 말과 하나님을 두려워하는 마음으로 전해야 합니다.

6. 사람 앞에서 예수님에 대한 믿음을 시인하는 여부가 어떤 결과를 가져옵니까?

마태복음 10:32-33 누구든지 사람 앞에서 나를 시인하면 나도 하늘에 계신 내 아버지 앞에서 그를 시인할 것이요
누구든지 사람 앞에서 나를 부인하면 나도 하늘에 계신 내 아버지 앞에서 그를 부인하리라

_____

_____

_____

💬 예수님을 믿음으로 구원받은 사람은 마땅히 예수님을 부끄러워하지 않고 전할 수 있어야 합니다. 예수님은 우리를 구원하신 생명의 주님이기 때문입니다.

7. 왜 바울은 생명을 다해 복음을 전했습니까?

사도행전 20:24 내가 달려갈 길과 주 예수께 받은 사명 곧 하나님의 은혜의 복음을 증언하는 일을 마치려 함에는 나의 생명조차 조금도 귀한 것으로 여기지 아니하노라

_____

_____

_____

💬 내가 복음을 통해서 새 생명을 얻었다면 죽어가는 다른 영혼들을 위해서 마땅히 생명을 다해 복음을 전하고 헌신할 수 있습니다.

8. 하나님은 왜 전도를 통해 구원하십니까?

고린도전서 1:21 하나님의 지혜에 있어서는 이 세상이 자기 지혜로 하나님을 알지 못하므로 하나님께서 전도의 미련한 것으로 믿는 자들을 구원하시기를 기뻐하셨도다

_____

_____

_____

💬 인간 스스로는 하나님을 알 수 없습니다. 구원을 얻게 하는 길은 전도밖에 없습니다.

9. 전도하는 발걸음이 왜 아름답습니까?

로마서 10:14-15 그런즉 그들이 믿지 아니하는 이를 어찌 부르리요 듣지도 못한 이를 어찌 믿으리요 전파하는 자가 없이 어찌 들으리요 보내심을 받지 아니하였으면 어찌 전파하리요 기록된 바 아름답도다 좋은 소식을 전하는 자들의 발이여 함과 같으니라

_____

_____

_____

💬 믿음은 하나님의 말씀을 들을 때 생깁니다. 전하는 자가 없이는 들을 수 없습니다. 그래서 복음을 전하는 것보다 소중하고 아름다운 것은 없습니다.

10. 그리스도인의 신분은 어떻게 바뀌었습니까?

베드로전서 2:9 그러나 너희는 택하신 족속이요 왕 같은 제사장들이요 거룩한 나라요 그의 소유가 된 백성이니 이는 너희를 어두운 데서 불러 내어 그의 기이한 빛에 들어가게 하신 이의 아름다운 덕을 선포하게 하려 하심이라

_____

_____

_____

💬 구약시대에는 제사장만이 하나님께 제사를 드릴 수 있었습니다. 하지만 지금은 예수님으로 인해 내가 직접 예배를 드릴 수 있는 영적 제사장이 되었습니다. 나는 하나님 나라이며, 하나님의 백성이며, 복음을 전하는 거룩한 사람입니다.

11. 성령이 임하면 그리스도인들에게 어떤 일이 일어납니까?

사도행전 1:8 오직 성령이 너희에게 임하시면 너희가 권능을 받고 예루살렘과 온 유대와 사마리아와 땅 끝까지 이르러 내 증인이 되리라 하시니라

_____

_____

_____

💬 성령은 예수님을 증언하는 영이므로 성령이 임하면 전도하게 되고 복음의 증인이 됩니다.

12. 우리가 일상 속에서 전도에 대해 가져야 하는 태도는 무엇입니까?

디모데후서 4:2 너는 말씀을 전파하라 때를 얻든지 못 얻든지 항상 힘쓰라 범사에 오래 참음과 가르침으로 경책하며 경계하며 권하라

_____

_____

_____

💬 전도는 정해진 때만 하는 것이 아니라 우리의 일상 속에서 늘 이뤄져야 합니다. 항상 복음을 전하고 말씀을 가르치는 삶이 진정한 그리스인의 모습입니다.

13. 예수님이 주신 지상 대명령은 무엇입니까?

마태복음 28:19-20 그러므로 너희는 가서 모든 민족을 제자로 삼아
아버지와 아들과 성령의 이름으로 세례를 베풀고
내가 너희에게 분부한 모든 것을 가르쳐 지키게 하라 볼지어다 내가
세상 끝날까지 너희와 항상 함께 있으리라 하시니라

_____

_____

_____

💬 세계 선교의 사명은 제자 삼는 일로부터 시작됩니다. 많은 사람을 제자로 삼아 말씀을 가르치고 변화시키는 거룩한 일에 우리 모두 헌신해야 합니다.

나눔) 내가 전도하고 선교해야 할 대상은 누구입니까?